À Miłoska,

G.M.

DU MÊME AUTEUR, CHEZ LE MÊME ÉDITEUR

Les mange-mémoire
Bouzouk *1*

Le trouvamour
Bouzouk *3*

Dans les griffes de Ggrok
Bouzouk *4*
(à paraître)

Conception graphique : Claude Lieber

ISBN 2-203-11895-4

AVENTURES

Gérard Moncomble

Les fantômes d'Aham

illustré par Mazan

ROMANS
casterman
DIX & PLUS

Première partie

Baroud de Morte-paye

1

DEPUIS qu'ils avaient quitté le val de Berlue et obliqué vers le nord pour atteindre la frontière du royaume d'Aham, Bouzouk et ses compagnons chevauchaient dans des cendres chaudes. Chacun des sabots de Ganachon soulevait une poussière grisâtre qui leur brûlait les trous de nez, malgré les étoffes humides entourant leurs visages. Le cheval, dont les immenses naseaux aspiraient et crachaient tour à tour d'épouvantables volutes, avait refusé d'envelopper son museau de linge mouillé.

« J'en ai vu bien d'autres ! » plastronnait-il.

Quelques rares arbres avaient résisté au feu. Leurs pauvres carcasses s'abîmaient sur le ciel rose et noir. Rien d'autre alentour que cet horizon de cendre et de mort. C'était un spectacle pitoyable. Mais le pire était peut-être le terrible silence qui les entourait. Pas un chant d'oiseau, pas la moindre galopade, ni couinement de bête. Comme si quelqu'un avait versé une couche de plomb fondu sur le paysage. Même les *cataclop* de Ganachon s'étouffaient dans la cendre. Tous avaient l'impression d'être des ombres flottant au-dessus d'un marais laiteux, inconsistant.

L'armée de Baroud de Morte-paye était pire qu'une nuée de criquaillons ratissant les champs de blute ! Bouzouk en pleurait de rage.

Mille-mots, qui avait autrefois combattu dans l'armée du Kron, expliqua :

— Vieille tactique de soldard. La troupe brûle tout sur son passage. *Sus au-devant, rien par-derrière*, disait le maréchon Ksr, mon chef de troupe.

— Mais nous sommes en Kronouailles, protesta Bouzouk. Ces maudits gougnons saccagent leur propre pays !

— Le meilleur moyen d'enrôler des soldards à bon compte, fiston ! Sans masure ni terre ni récolte, qu'est-ce que les cul-glaiseux peuvent faire d'autre ? Hommes, femmes, enfants, vieillards, tous s'engagent dans l'armée qui passe ! Ils fournissent l'avant-garde de la troupe, les premiers sacrifiés dans la bataille ! De la chair bien molle pour les...

— Tais-toi, Mille-mots ! Tes bavardises m'ennouillent ! tonna Bouzouk.

Penser que son père était responsable d'une telle barbarie lui flanquait la nausée. Que n'aurait-il pas donné pour tourner casaque, retrouver des contrées paisibles ! Pourtant il lui fallait poursuivre. Le deuxième tome de ses Mémoires était là-bas, quelque part au royaume d'Aham, entre les mains d'un soldard à barbe verte ! Que ça lui plaise ou non, la piste menait sur les abominables traces de l'armée de Morte-paye.

Ils cheminèrent jusqu'au soir, sans rencontrer âme qui vive ni cœur qui palpite. Ils évitaient les nuages de cendres tourbillonnantes, qu'ils apercevaient parfois au loin. D'après Mille-mots, c'étaient des hordes de frouilles s'échinant sur un cadavre. Avant même d'avoir commencé, cette guerre avait déjà son lot de chagrin et de désolation.

Au crépuscule ils étaient à quelques lieues des gorges d'Zwmlgfsct, seul passage entre les Kronouailles et le royaume d'Aham. Il s'agissait, selon Mille-mots, qui l'avait emprunté autrefois, d'un interminable défilé entre deux parois abruptes. Les défenseurs d'Aham pouvaient tout à loisir bombarder l'envahisseur de rocailles, goudron et ustensiles, lui verser de l'urine de skonj sur la tête ou pire encore. Pour sa part, avant de rebrousser chemin, Mille-mots avait reçu au moins cent litres de fiente sur le crâne. Une puanteur à nulle autre pareille, d'après lui. Il avait empesté durant plus de dix lunes.

— Et tu pueras encore dans cent lunes, vieux bubon ! glousssa Bouffe-bœuf.

Mille-mots ignora l'insulte. Les quolibets de ce grognachon ne l'effleuraient guère. En vieux maître des mots, qui savait leur valeur, il n'attachait aucune importance à ceux de Bouffe-bœuf. Cependant, il se tourna vers Bouzouk.

— Ce fossile à poil dur a un de ces toupets ! rugit le Gogol, piqué au vif. Cours-y donc dans ce nid à poux, si tu y tiens !

— Paix, les deux coqs ! cria Bouzouk. Personne n'ira nulle part ! Ou alors, il nous poussera des ailes de Nnour ! Biglez-moi ça !

Au fur et à mesure qu'ils s'étaient avancés vers les gorges d'Zwmlgfsct, l'intérieur du défilé apparaissait plus nettement. C'est ce que le jeune homme montrait.

— Par la barbulette de Gozar ! s'étouffa Mille-mots. Comment est-ce possible ?

Il y avait de quoi s'étouffer, en effet. En face d'eux, plus une miette, plus une particule, plus un atome de défilé ! Plus rien de rien. Juste un énorme gros tas de pierrailles qui obstruait le passage des pieds à la tête. Les gorges d'Zwmlgfsct n'avaient plus de gorges que le nom. À force d'être imprononçables, elles avaient fini par disparaître.

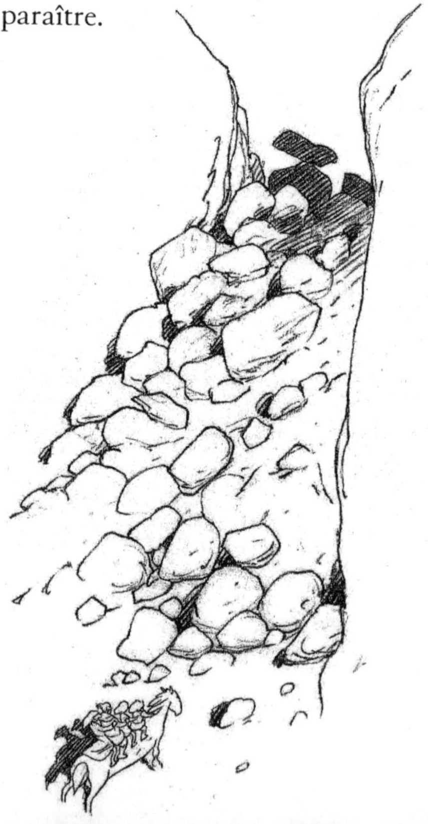

2

Les cinq compagnons restèrent un long moment anéantis par le spectacle de cet enchevêtrement de rocailles qui ressemblait à un gigantesque pudding et barrait désormais l'horizon.
Si une quelconque armée s'était engouffrée là-dedans, songeait Bouzouk, elle devait être à présent écrabouillée comme crépinette. Certes c'était le lot des armées d'être transformées en chair à pâté ou en purée de courge, mais celle-là était commandée par Baroud de Mortepaye. Malgré ses ressentiments envers lui, Bouzouk ne souhaitait pas à son père pareil destin.
Les quatre cavaliers mirent pied à terre dans un nuage de cendres et on discuta longuement de la conduite à tenir.
Chacun se tortilla les méninges à l'envers et à l'endroit, en vain hélas.
Bouffe-bœuf proposa bien de creuser un souterrain,

mais c'était juste pour rire. Quant à escalader le pudding, il n'en était pas question : les rochers étaient lisses, sans la moindre aspérité. Comme s'ils étaient tombés sous la meule d'une cohorte de polisseurs de pierre.

C'est alors que Mille-mots, muet jusque-là, sourit d'un sourire à se fendre les joues.

— As-tu déjà parlé aux pierres, Bouzouk ?

Le jeune homme haussa les sourcils.

— Je n'aurais pas grand-chose à leur dire, scribrouillon.

— C'est que tu ignores la puissance du Verbe, mon ami. Un scribrouillon de mon espèce a parlé et parlé et encore parlé à tout ce que cette terre a produit. À la mousse des arbres, aux fleurs, aux oiseaux, aux murs des prisons, à la glaise des collines...

— Cesse de bavotter à tort et à travers, Mille-mots ! Use de ta soi-disant puissance ou tais-toi !

Mille-mots toussota, rosit un brin, papillonna des paupières.

— J'ai fait battre bien des cœurs de pierre avec des mots d'amour, autrefois. Et ces cailloux-là sont plus durs à forcer que les rocs de la montagne !

Il dit puis trottina vers le défilé, sous l'œil amusé des quatre autres. Mille-mots maniait joliment la métaphore mais il n'abusait personne. Bel-essaim faillit dire à voix haute que son cœur à elle n'était pas de marbre et

battait pour Bouzouk mais ça n'était pas le moment, pas du tout.
Mille-mots était arrivé au pied du pudding et contemplait l'amoncellement vertigineux d'un air tranquille. Puis le scribrouillon ferma les yeux. Il se fit dans sa tête une sarabande de lettres qui d'abord gigotèrent comme des bulles de savon, puis s'accouplèrent pour former des mots. De ces mots naquirent des images qui à leur tour accouchèrent d'autres mots. Il sentit des phrases arriver une à une, se mettre à la queue leu leu, résonner enfin dans sa bouche et sur sa langue.

Ô billes de géants au fond des précipices !

La voix du scribrouillon était huilée comme une tresse d'anguilles cuites.

Galets à chair de plomb ! Gravats, palets, pierrailles
Nés de ravins barbares en de sombres édifices !
Caillasse, parpaings, moellons qui abreuvez la faille

Elle s'enflait peu à peu. Les mots semblaient sortir d'une gorge aussi vaste qu'un gouffre.

Vous êtes compagnons des vents qui tourbillonnent
Colliers de conques douces, coquillages qui coulent

Dans les mers du cosmos, vagues qui papillonnent
Grands oiseaux duveteux parmi les nues qui roulent

Mille-mots levait ses maigres bras vers le ciel rouge. Il dansait. On eût dit qu'il avait brusquement cent ans de moins.

Vous êtes vapeur d'eau !
Vous avez plumes au dos !

Bouzouk et les autres sentirent soudain leurs yeux se dessiller, leur bouche béer.
— Que Ggrok-le-péteux m'asphyxie ! bafouilla Bouffe-bœuf.
Bel-essaim se serra craintivement contre l'encolure de Ganachon.

Car le pudding bougeait ! Imperceptiblement, mais il bougeait ! Il laissa d'abord échapper quelques soupirs de poussière ocre puis ce fut l'ensemble tout entier qui commença à trembler.

Je suis votre berger
Soyez mer ! Soyez geais !

Sans plus se retourner, vociférant son poème, Mille-mots se mit en marche vers l'ouest. Il avait l'air de ce qu'il disait, un berger. Son troupeau s'ébrouait ! Un à un les rochers se détachèrent de l'énorme masse de pierre et s'en allèrent rouler derrière lui. Soulevant des nuages de cendre grise, la rocaille cahotait, traçait dans le sol un immense sillon.

Je vous mène au bercail !
Retournez aux entrailles
de la terre
votre mère !

La voix de Mille-mots s'éloignait. Bientôt sa silhouette disparut à l'horizon, loin devant la cohue des pierres qui caracolaient silencieusement, sans tumulte. Peu à peu le défilé se vida, sans qu'on découvrît le moindre petit bout de soldard de l'armée de Morte-paye.

Bouzouk respira mieux.
Lorsque la lune apparut à l'est, elle éclaira des gorges d'Zwmlgfsct flambant neuf, prêtes à laisser passage à n'importe qui.
— Je jure de ne plus traiter Mille-mots de vieille baderne ni d'outre à kohol, balbutia Bouffe-bœuf.
Bouzouk opina du bonnet, et Ganachon, et Bel-essaim.
Mille-mots venait de gagner définitivement sa place parmi eux. S'il revenait, bien sûr.

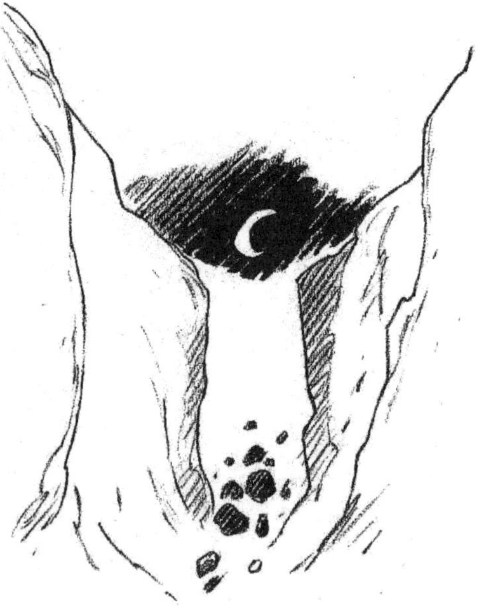

3

ILS L'ATTENDIRENT jusqu'au petit matin. Le scribrouillon arriva d'un pas de trotte-menu, comme à l'habitude, bombant à peine son vieux torse chétif. Il paraissait aussi peu épuisé que possible, alors qu'il n'avait pas dormi de la nuit. Au contraire ses yeux étaient pétillants de plaisir. Il y avait si longtemps qu'il n'avait pas usé ainsi de mots ! De vrais mots de scribouille ! Comme autrefois !

Bouzouk, impatient, l'apostropha de loin.

— Qu'as-tu fait des rochers, Poète ?

— Ce que j'ai dit. Je les ai conduits dans le ventre de la terre, là d'où ils venaient. Je suis sûr qu'ils m'en seront reconnaissants.

Mille-mots parlait d'un des innombrables volcans éteints qui parsemaient la vallée. Le plus difficile avait été de faire sauter le premier rocher. Mais les vers du scribrouillon avaient fait leur œuvre. À sa suite, la

masse pierreuse était tombée en pluie à l'intérieur.
— Tu m'as espantouillé, l'ami, grogna Bouffe-bœuf. Par Gozar-le-barbon, c'est de la belle ouvrage !
— Bah ! soupira Mille-mots, modeste. La rimaille n'est pas que bavotte.
Bel-essaim se pendit au cou du vieillard et l'embrassa à pleine bouche, le faisant rougir comme blute au soleil.
Ganachon interrompit le concert de louanges d'un : « Le temps passe, pressons, compagnons ! », qui fouetta le groupe. Il était temps en effet d'agir. Les gorges d'Zwmlgfsct étaient redevenues ce qu'elles étaient, soit, mais qu'allaient-ils en faire ? Les franchir comme si de rien n'était ? Et si les gens d'Aham garnissaient les crêtes du défilé, prêts à faire dégringoler des barriques de rocailles sur les passants ?
Les deux Gogols et Mille-mots penchaient pour la prudence, mais Ganachon secoua la tête.
— Le défilé a été obstrué pour empêcher la *retraite* de l'ennemi. Il n'avait donc plus besoin de défenseurs. Passons sans crainte.
— Tu as l'air sûr de toi, dit Bouzouk.
— Un jour, cavalier, je te raconterai comment j'ai vaincu l'armée du grand stratège Proutz, rien qu'en lisant le menu de la cantine. L'art militaire n'a aucun secret pour moi. Passons sans crainte, te dis-je.

Quand Ganachon parlait sur ce ton-là, personne n'était en mesure de discutailler. Ils s'engagèrent donc l'un derrière l'autre dans le défilé, serrant les fesses plus que de raison, les yeux rivés sur les crêtes, la glotte sèche comme brique. Bouzouk en tête, Ganachon fermant la marche.

Ainsi que l'avait prédit Ganachon, il ne leur tomba rien sur le crâne, à part quelques étrons de frouilles. Mais tous sentaient qu'en passant les gorges d'Zwmlgfsct, ils s'engageaient vers un destin improbable. Celui des franchisseurs d'obstacles infranchissables. Des gens qui ne sont ni d'ici ni d'ailleurs, des gens qu'on n'attend pas.

La couche de cendres chaudes avait disparu. Comme il n'y avait rien à brûler ici, l'armée de Morte-paye s'était contentée de piétiner, labourer, défoncer, ratatiner le sol. Plus un brin d'herbe. L'effroyable masse des hommes et des chevaux en armes avait remplacé le feu.

Bouzouk et les siens mirent presque un jour entier à franchir la passe. Le soir, lorsque l'horizon s'élargit enfin, ils avaient les pieds et les sabots rougis d'avoir clopiné sur le sol de bronze.

De nouveau ils marchaient sur des cendres chaudes. Brûlantes, même. Morte-paye et ses soldards n'étaient pas loin.

— Nous allons pouvoir bigler la bataille, dit Bouffe-bœuf avec gourmandise. Si mes Gogols étaient là, ils s'en pourlicheraient les babilles ! Bigresanguine ! Une échauffourre pareille !

Ganachon ricana.

— Il n'y aura pas de bataille, mon bon.

— Deux hordes de soldards face à face et pas d'échauffourre ? Tu as des rêves d'enfançon, canasson !

Le Gogol se tapait sur les cuisses en s'esclaffant. Bouzouk et les autres attendaient la suite.

— Réfléchis, tête-à-pitre ! insista le cheval. Si Morte-paye a pu franchir les gorges d'Zwmlgfsct, puis continuer à cheminer, c'est que son destin était déjà scellé. Crois-tu que les gens d'Aham auraient laissé passer une armée pareille si bataille devait être livrée ? Crois-moi, un combat évité, c'est déjà une victoire. Knut-le-fourbe a dû préparer un de ses horribles traquenards. La pierraille qui bouchait le défilé en est la meilleure preuve.

— Ganachon a raison, approuva Mille-mots. J'ai combattu autrefois Knut-le-chafouin, le père du père de Knut-le-fourbe. Jamais de bataille rangée, jamais d'affrontement. Escarmouches, guets-apens, embuscades, chausse-trapes, rouerie, voilà la stratégie des gens d'Aham.

Il baissa le ton pour ajouter :

— Ton père court à la catastrophe, mon garçon. Peut-être même qu'à l'heure qu'il est...
— Peu m'importe le sort de mon père, coupa Bouzouk. Je cherche un grimoire.
En disant cela, il avait la voix qui tremblait. Au fond, savait-il vraiment ce qu'il cherchait ?
— Allons ! grogna-t-il.
Ils se remirent en route dans le paysage fumant. Mais à peine eurent-ils parcouru quelques coudées qu'un bruit de galop résonna au lointain.

— Des chevaux sans cavalier, murmura Ganachon, qui avait l'oreille fine.
Le bruit enfla, enfla, jusqu'à devenir un lourd grondement, jusqu'à ce que soudain l'horizon ne soit plus qu'un vaste front de chevaux caracolant. Des montures sans cavalier, comme Ganachon avait dit. À l'émeraude des lambeaux d'étoffe qui flottaient encore autour de quelques-uns, Bouzouk reconnut les destriers de l'armée de son père.

Tous les cinq se mirent à l'abri d'un gros rocher, afin d'éviter d'être concassés par les bêtes.
Le flot passa autour d'eux dans un nuage de cendre et de boue. Les chevaux avaient les yeux fous et vides. Ils bavaient de l'écume blanchâtre. Le plus curieux était ces filaments grisâtres accrochés à la selle et à ce qui restait de leur armure, muserolle, tonnelle ou garde-queue. Des effiloches visqueuses, gluantes, interminables. Et puantes de surcroît.
— Les Blettes ! Les gens d'Aham utilisent des Blettes pour combattre ! hurla Mille-mots.

4

LES BLETTES ! Le mot avait jailli de la gorge du scribrouillon comme un flot de bile verte ! Bouzouk et les deux Gogols, sans rien en connaître encore, avaient compris qu'on touchait là à l'innommable !

Ganachon savait, lui. Un rictus de dégoût déforma ses naseaux.

— Je crains que tes poèmes soient impuissants contre cette abomination, Mille-mots !

Ainsi les gens d'Aham avaient lâché une horde de Blettes sur l'armée de Morte-paye ! Une armée rendue confiante par le facile passage des gorges d'Zwmlgfsct.

Bouzouk bondit sur le dos du cheval.

— Mène-moi là-bas, mon ami. Que je sache.

Ils partirent tous deux au grand galop, sans que les trois autres, pétrifiés par ce qu'ils venaient de voir, ne fassent un geste pour les accompagner.

Ils croisèrent encore quelques bourriques aux yeux fous, toujours sans cavalier. Puis d'autres ombres émergèrent du brouillard de cendres et de fumerolles. Des hommes, cette fois, à moitié nus, qui tanguaient sur leurs jambes. Bouzouk héla le premier d'entre eux.
— Où en est la bataille, soldard ?

L'autre continuait d'avancer, d'une allure saccadée, chancelante. Son regard était aussi gris et vide que la brume qui montait du sol.
— Il ne répondra pas, dit Ganachon. Il a les entrailles et le cerveau rongés par les Blettes. Que Gozar l'assiste !
Bouzouk se pencha pour attraper l'épaule du soldard. Il retira prestement sa main. Ce qu'il venait de toucher ne ressemblait plus à de la peau d'homme. Plutôt à celle d'une charogne glaireuse. Le soldard marcha

encore quelques pas et s'effondra. Son corps fit un bruit de limace molle, tressaillit, puis se figea.

— Quand la bataille sera finie et les soldards vidés, les Blettes ratisseront la plaine, cavalier. En une heure, il ne restera rien de ces hommes ni de leurs chevaux. Même pas les os. Les Blettes sont des combattants de premier ordre et d'admirables charognards.

Bouzouk sentait une vague de haut-le-cœur lui labourer le ventre depuis l'intestin grêle jusqu'à l'œsophage. Il résista tant bien que mal et hurla à Ganachon de poursuivre. Ils louvoyèrent entre les fantômes de soldards encore debout, les chevaux à l'agonie, les cadavres figés dans des postures atroces, exhalant une infernale puanteur.

Plus ils avançaient, plus l'horreur était palpable. C'était donc ça, la guerre ? Ce magma grouillant de folie, de terreur, de pourriture ! Ganachon le pressait de faire demi-tour, mais Bouzouk voulait toujours aller plus loin.

— Je veux voir à quoi ressemblent les Blettes afin de savoir qui combattre le moment venu.

Ganachon admira la ténacité du jeune homme. Il savait, lui, que les Blettes étaient des créatures impalpables, sans chair ni os, noires, comme déchirées dans le manteau de la nuit. Personne ne pouvait exactement les décrire, mais ceux qui les avaient vues avaient dans la voix et les yeux des relents d'épouvante. On disait qu'elles étaient l'ombre de guerriers d'un autre monde.

Ganachon savait cela. Mais il savait aussi qu'un fils qui cherche son père n'a que faire des conseils d'un gros canasson bavard.

Franchissant le sommet d'une butte, ils parvinrent à l'orée d'une forêt aux arbres gigantesques, troncs et feuillage noir d'encre, racines noueuses, serpentines. Ceux-là aussi avaient résisté au feu. D'ailleurs, les flammes semblaient s'être arrêtées ici, à la lisière de la sombre masse végétale. Comme si elles avaient été soudain incapables de se nourrir du bois des arbres.

Le chemin trouait la forêt et disparaissait dans la pénombre, à une dizaine de coudées. Aux ornières profondes, aux empreintes, aux lambeaux de maille parsemant les taillis, on voyait bien que l'armée de Morte-paye était entrée ici. Probablement pour ne plus en ressortir. Les Blettes affectionnaient ce genre de lieu, obscur, humide.

Cheval et cavalier s'avancèrent pas à pas, l'œil aux aguets. Ganachon prépara quelques crocrottins à expulser, Bouzouk s'entoura le bras de sa capille pour parer à toute attaque. Dérisoire protection si l'on songe à l'état dans lequel les Blettes avaient laissé les soldards de Morte-paye. Mais les troncs noirs défilaient le long du sentier sans que rien ne se passât. Rien d'autre que la forêt s'assombrissant plus encore. Jusqu'à devenir plus obscure qu'une nuit sans lune. Seule la voûte des arbres au-dessus de lui laissait passer une lumière grisâtre et chiche. Pourquoi alors le sol était-il plongé dans cette pénombre totale ?

— Je sens une présence, murmura Bouzouk.

Une présence, bigrebrouille ! Ganachon aurait pu sourire du mot s'il n'avait eu la mâchoire plutôt crispée. Il se borna à dire :

— Les Blettes sont autour de nous, cavalier. Elles nous cernent comme un brouillard de poix.

— Montrez-vous ! hurla Bouzouk en faisant tournoyer sa capille.

— Calme-toi, siffla Ganachon. Veux-tu qu'elles t'encoconnent comme ce qui pend là-haut ?

Bouzouk leva doucement la tête et son cœur se mit à lui marteler le foie. Sur les premières branches de chaque arbre, à cinq ou six coudées du sol, étaient suspendus d'énormes cocons blanchâtres. Par grappes. Emmaillotés dans d'épaisses filasses visqueuses qui pendouillaient en tremblant. La forme de chaque cocon ne permettait pas le moindre doute.

Chacun d'eux contenait un être humain.

— Ceux-là sont probablement vivants, dit Ganachon. Les Blettes ont commencé leurs réserves d'hiver.

— On fait discrètement demi-tour ? suggéra Bouzouk d'une voix à peine audible.

— Ne dis donc pas de sottises, cavalier. Si nous sommes encore en vie, c'est qu'ordre a été donné aux Blettes de nous conduire au château du roi. Comme l'a probablement été ton père, rassure-toi. Knut-le-fourbe veut te voir de près. Tu l'intrigues.

— Ne confondons pas ! plastronna Bouzouk. C'est moi qui veux voir Knut-le-fourbe ! Et non l'inverse, par Zout !

5

AU SORTIR DE LA FORÊT, dans la lumière pâle du soir, ils purent enfin voir les Blettes qui leur faisaient cortège. Entrevoir serait plus juste, car le regard n'arrivait pas à se poser sur elles. C'étaient des ombres d'une noirceur de gouffre. Des ombres palpitantes, qui flottaient, tressaillaient, sans jamais rester en place. Ça avait une vague forme humaine, par moment déformée, comme si un vent venu d'ailleurs les faisait frémir. Mais ce qui glaça le plus Bouzouk, c'étaient leurs yeux, rouges, d'une fixité terrible, et qui semblaient fouiller perpétuellement l'intérieur de son crâne et de son abdomen. Insupportable.

Derrière eux, d'autres Blettes traînaient les cocons aperçus dans les arbres, par dizaines, ainsi que de vulgaires ballots.

C'est ainsi, encadrés par une horde d'ombres épouvantables, que Bouzouk et sa monture atteignirent le château du roi d'Aham. Le décor changea soudain. C'était une de ces bastides grotesques à force d'être alambiquées, biscornues, rutilantes. Elle avait l'air d'un gros gâteau d'anniversaire flanqué de cent tourelles en guise de bougies et de toits onctueux comme crème. Un donjon central, aux murs roses, coiffé d'un galurin de tuiles vertes, surplombait le tout.

Lorsque Bouzouk passa sous le portail de jade, une petite musique retentit et des oiseaux mécaniques jaillirent des murs en pépiant des airs guillerets. C'était charmant. La cour du château était parsemée de petits buissons mauves et les allées tapissées de cailloux caca d'or. Çà et là, des jets d'eau colorée jaillissaient de grandes vasques cristallines. Au centre de la cour, un grand bassin laissait voir dans ses eaux bleues des poiscailles d'un rouge vif.
Knut-le-fourbe avait des goûts surprenants pour un chef de guerre. Et surtout il s'exhalait de cet endroit une odeur reconnaissable entre toutes, celle de l'opulence. Le petit royaume d'Aham semblait baigner dans un luxe inouï.
Sur l'énorme perron qui surplombait la cour, une foule de personnages, vêtus d'habits chatoyants et chapeautés de coiffes étranges, de perruques multicolores, observaient les nouveaux arrivants. Les uns portaient des dominos, d'autres des voilettes. Certains avaient la figure poudrée, pailletée. La cour de Knut-le-fourbe au grand complet. Point de valetaille, point de garde : les courtisards jouaient tous les rôles, ici. Certains descendaient déjà l'escalier du perron pour accueillir les visiteurs.
Il ne manquait plus, au lieu de Blettes, qu'une bande de joyeux drilles soufflant dans des trompes pour que

les deux captifs ressemblent à des ambassadeurs en visite. Bouzouk se tenait fort droit sur sa selle, sans montrer une once d'affolement. Ganachon faisait en trottinant de jolies arabesques avec sa queue et son port de tête était d'une rare noblesse.

Le spectacle dut plaire aux courtisards, qui applaudirent bruyamment. Après les moments d'horreur qu'on venait de vivre, la scène était hallucinante. À se demander si tout ici n'était que fanfreluches et frivolités, tant cet univers-là semblait truffé de guimauve et d'eau de rose.

La procession s'arrêta et les Blettes, laissant là leurs deux prisonniers, ne se préoccupèrent plus que de leurs cocons blanchâtres. Telles des fourmis transportant leurs œufs, poussant, tiraillant, elles cheminèrent vers des escaliers qui s'enfonçaient dans le sol. Il y eut dans la cour du château un sinistre ballet d'ombres brouillées, de filaments glaireux. Les Blettes entreposaient leurs victimes dans les caves du château, afin d'avoir une réserve de chair humaine pour les jours plus maigres. Les goulaches ne faisaient pas autre chose avec leurs provisions de noisettes et de blute.

Il n'y avait plus à présent dans la cour que les deux prisonniers, face aux courtisards qui babillaient sur le perron.

— En voilà plus qu'assez, perruchailles à crête de stuc ! Cessez vos bavotteries et conduisez-nous auprès de Knut-le-fourbe !
Bouzouk avait braillé assez fort pour que le caquetage s'interrompe net. Il y eut une seconde de silence puis un rire énorme secoua les courtisards, qui dégringolèrent l'escalier du perron pour entourer Ganachon et son si facétieux cavalier.
— Tu veux me voir, freluque ? Me voilà ! pérora un nabot aux épaules couvertes d'une capille à paillettes.
Bouzouk soupira. Voici donc qui était le vainqueur de son père. Un petit Pouf clinquant ! Un ragotin ! Un...
— Bave, crapaud ! Par ma couronne, je t'écoute ! grinça un grand gaillard aux lèvres peintes en bleu.
Tiens ! Y aurait-il deux rois d'Aham ? songea Bouzouk.
— Que viens-tu faire ici, dans mon château, mignardon ?
Trois ? Un avorton, un géant, une damoiselle ? Bouzouk n'y comprenait rien à rien.
Puis tout le monde se mit à jacasser de nouveau, chacun, homme ou femme, prétendant tour à tour être Knut-le-fourbe, roi d'Aham. S'insultant, se chamaillant, se griffant, se giflant !
— Simple roublardise ! chuchota Ganachon. En brouillant les pistes, Knut-le-fourbe te met à l'épreuve. Il essaie de t'emmieller le jugement. Il veut savoir qui tu es sans se démasquer.

La manœuvre était bonne. Knut-le-fourbe était digne de sa dynastie royale, les Knut-le-retors, Knut-le-chafouin, Knut-le-cauteleux et autres Knut-le-vicelard des temps passés. Tout ici n'était que faux-semblant, fard, façade ! Trompe-l'œil ! Jusqu'à cette mascarade jouée par ces bavottons empanachouillés !

— Partons ! tonna Bouzouk. Knut-le-fourbe n'est qu'un pet de skonj ! Qu'il se terre sous son masque ! Qu'il mollisse et se pavane au milieu de sa basse-cour ! À force d'inconsistance, le roi d'Aham finira par n'être plus rien qu'une bouillie pour les frouilles !

Ganachon opina, émit un vent méprisant et fit demi-tour dans un silence de mort.

— Tu oublies que je viens d'écrabouiller l'armée de Morte-paye ! dit une voix nasillarde.

Avec un sourire de triomphe, Bouzouk se retourna. Sa ruse avait réussi. Celui qui venait de parler fit un pas hors du groupe, ôta son loup pourpre. Aucun doute. Jamais visage ne fut plus chafouin, regard plus perfide, bouche plus veule, front et menton plus fuyants. Celui-là était bien Knut-le-fourbe.

Le roi d'Aham vit le sourire sur les lèvres de Bouzouk. Il comprit qu'il avait trouvé plus malin que lui et cela l'offusqua. Il tapa du pied.

— Qui que tu sois, tu viens de signer ta perte, freluchon !

Se tournant vers des interlocuteurs invisibles, il brailla :
— Par le nombril de Ggrok ! Qu'ils soient donc encoconnés, eux aussi !
Des ombres de la cour surgirent d'autres ombres, aux yeux rouges, qui cernèrent les deux amis comme une meute de pouaques ! Bigremolle ! Les Blettes étaient vraiment partout ! Elles pressèrent le flanc de Ganachon, l'acculant contre un mur. Le dépouillant de son bât comme des brigands de bas étage ! Puis elles crachèrent

leur salive glaireuse sur leurs proies, dans un épouvantable glouglou. Tout cela à une vitesse si stupéfiante que Bouzouk ne put agiter le moindre orteil, afin d'user de sa magie. Le jeune homme et sa monture roulèrent sur le sol, empêtrés parmi les méandres de filasse, bientôt inertes.

Encoconnés ! Il n'y avait pas plus encoconné que ces deux encoconnés-là.

6

FAIRE PARTIE du garde-mangeaille de créatures aussi abominables que les Blettes avait de quoi inquiéter n'importe qui, même un Bouzouk et un Ganachon. Durant des lunes et des lunes, emmaillotés dans leur cocon, ils allaient attendre le bon vouloir des charognards, se desséchant lentement comme des momies, mourant de faim et de soif, au fond de caves obscures. Rendus aveugles, sourds et muets par les filaments visqueux s'insinuant sous leurs paupières, dans leurs oreilles, autour de leur langue. Sans parler des orteils, qui étaient incapables du moindre petit mouvement. Comme promis, Bouzouk n'abusait de sa magie de Petit Gourougou. Et même, il n'arrivait pas à en user. Ganachon et lui étaient cuits et pire que ratacuits.

Cependant Knut-le-fourbe, au milieu de sa cour de busards pomponnés, se grattait pensivement la tempe, rongé par la curiosité. Certes ce trousse-pet l'avait agacé, avec son pauvre subterfuge dans lequel lui, le roué des roués, était tombé, par un sot orgueil. Certes ce bimbochon méritait mille fois d'être jeté aux Blettes, lui et son bourricot monstrueux, mais tout de même. Tout de même, se disait-il. Il émanait de lui un tel parfum de mystère ! Et ce rubiole au petit doigt ! Le même que celui qu'il avait vu au doigt de Morte-paye, ce damné puanteux qui désormais allait pouvoir compter et recompter les briques de son cachot jusqu'au Jugement dernier ! Quel lien pouvait-il y avoir entre ces deux-là ? Pourquoi le freluchon ne portait-il pas d'armoiries cousues sur sa cotte ? Ni celles de Morte-paye, ni celles de Saint-Doublon, du Croupe-duc, de Barberolle ou du Kron. Et comment avait-il passé les gorges d'Zwmlgfsct tout empierraillées ?

Knut-le-fourbe se gratta et se gratta la tempe, sans trouver de réponse à ses questions. À la fin, il n'y tint plus et, accompagné de ses courtisards qui ne le quittaient jamais d'une chausse, descendit dans les caves du château.

Les Blettes avaient le sens de l'organisation ; les cocons étaient classés par ordre d'arrivée, numérotés et répertoriés dans un grand livre. Ainsi les charognards pouvaient-ils choisir parmi les encoconnés les plus récents s'ils aimaient l'entraille tendre, ou les plus anciens s'ils préféraient la vieille carne. Bouzouk et Ganachon étant les derniers arrivés, il fut aisé de les retrouver. Ils reposaient dans la douzième cellule. Knut-le-fourbe démêla lui-même le cocon de Bouzouk. Les Blettes chargées de la garde du stock grognèrent de dépit mais le roi leur promit en aparté quelques courtisards passés de mode ou trop bavards. Knut-le-fourbe était depuis longtemps passé maître dans l'art de la perfidie, de la trahison, du reniement, de la félonie, du parjure et de la scélératesse. Sans compter la duplicité, la bassesse et un bon millier de techniques de cet acabit.

— Tes oreilles se sont-elles déboutonnées, rouard ?

Bouzouk bâilla, se frotta les paupières, s'étira longuement les jambes, les bras, avant de comprendre qu'il venait de renaître pour la cinquième fois. Il leva les yeux sur la belle tête torve du roi d'Aham.

— Par Zout-le-pétochard ! glousssa-t-il. Te voilà encore encollé de tes volailles qui jabotent comme pintades ! Te suivent-elles donc aussi dans ton cabinet d'aisances ?

L'insulte fit caqueter la basse-cour, que Knut-le-fourbe interrompit d'un geste agacé. D'un autre il les chassa hors de la cellule puis croisa les bras d'un air de défi.

— Je suis seul, merlurin ! Mais sache qu'un mot de moi et les Blettes te rongent la cervelle et le ventre. À présent, parle !

L'autre plissa le front.

— Tu parles par énigmes, comme les Phaonx ! Sois plus clair.

— Les Blettes t'auraient-elles bouffaillé le cerveau ou faut-il que je le pépie sur tous les tons ? J'ai beau être venu au monde par cinq fois, je suis sans histoire, roitelet ! Sans passé et même sans avenir, juges-en : voici trois jours que mon père m'a mis en terre pour la seconde fois ! Quant à mon nom, je l'ai forgé lettre après lettre ! Il m'est venu comme une éternuche.

Knut-le-fourbe n'était pas homme à se laisser rouler

de nouveau dans la farine. Ce foutriquon le brocardait à tire-larigot ! Tant pis pour lui !

— Aux Blettes ! Aux Blettes ! se mit-il à piailler.

Mais cette fois Bouzouk était sur ses gardes. Avant que les terribles ombres ne surgissent, le jeune homme, d'un coup d'orteil, hop ! obstrua la porte béante de la cellule par un rideau de feu qui tint les Blettes à distance. Apparemment elles redoutaient les flammes. Knut-le-fourbe, plus blême qu'une paire de lunes, regardait son prisonnier avec épouvante. Un mage, par les papilles de Ggrok ! Il était entre les mains d'un mage !

Vu les circonstances, Bouzouk avait estimé en effet qu'il s'agissait là d'un cas d'absolue nécessité. Il avait donc usé de ses pouvoirs de Petit Gourougou.

— Tu... tu n'as pas le droit, bafouillait Knut-le-fourbe. Des mensonges, des veuleries, des fripouilleries, tant que tu veux. Mais pas de magie ! Les lois de guerre l'interdisent !

Les lois de guerre ! Bouzouk s'asseyait dessus à pleines fesses ! Il aurait aimé avoir mille paires de fesses pour mieux s'asseoir dessus encore ! Bigregourdin ! Comme si la barbarie pouvait avoir un règlement !

Il s'approcha du roi et, le secouant rudement par le jabot, lui parla sous le nez.

— Je ne suis pas en guerre, blettard ! Je suis en quête de moi-même ! À ce jeu, tous les coups sont permis !

7

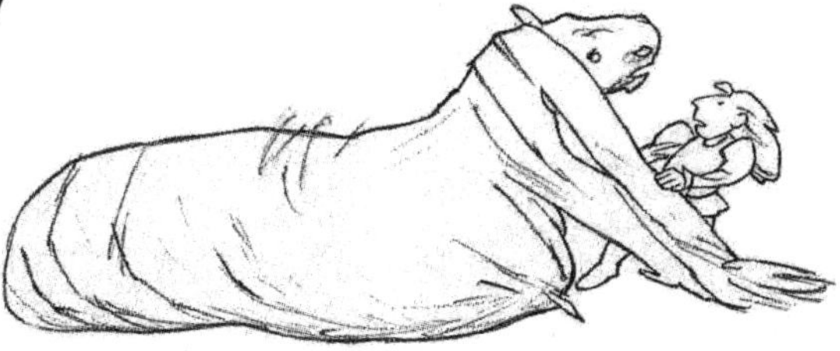

GANACHON était bien un peu crampi lorsque Bouzouk l'extirpa du cocon, mais d'excellente humeur. Il fit quelques étirements de croupe et d'encolure, déclara qu'il n'avait jamais aussi bien dormi. Puis, apercevant le roi d'Aham recroquevillé dans un coin, l'œil hagard, il fut bien près de lui fracasser le crâne à coups de sabot, comme un vulgaire canasson. Bouzouk l'en empêcha. Il avait d'autres projets.

Knut-le-fourbe demanda d'une toute petite voix s'il pouvait espérer qu'on le libère contre rançon. Il était prêt à payer cent mille broufs et même plus. Bouzouk ricana.

— Cent mille broufs ! Tu t'estimes beaucoup, bletton ! Pour moi, ta carcasse ne vaut pas un grain de blute ! Et sans doute tes courtisards ne paieront pas plus pour te ravoir !

Knut-le-fourbe pâlit à cette pensée. Tant il régnait sur

une basse-cour de tortillons, de freux, de bavottins. Bouzouk poursuivit :

— Je te propose un autre marché. Ta morne existence contre celle de Morte-paye et de toute son armée. Du moins ce qu'il en reste.

— Jamais les Blettes n'accepteront. Elles ont besoin de réserves.

— Tu es le roi d'Aham. Elles plieront.

Knut-le-fourbe se redressa. Le cavalier avait raison. Il payait les Blettes assez cher pour qu'elles lui obéissent. Elles plieraient. Il leur promettrait des compensations. De grosses compensations. Une autre guerre, par exemple, plus fructueuse encore en cervelles et entrailles. Il y avait à l'est un peuple de laboureurs doux et paisibles, les Perpères, dont il pourrait faire mine de convoiter les terres.

Des promesses, au cours de sa vie, il en avait fait quelques brouettes. Pas une seule n'avait été tenue. Sa fierté. Les Blettes tomberaient dans le panneau, comme les autres. D'ailleurs il pouvait aussi promettre à ce cavalier inconnu de promettre aux Blettes ceci ou cela. Sans tenir parole, bien entendu. Qu'il était goûteux, songeait-il, d'enfiler des promesses comme perles sur fil et de berner son monde.

— Tope là. J'accepte le marché.

— Bien sûr, tu n'as qu'une parole.

— Tu en doutes ?
— Pas un instant, fripouillard. Mais sache que Ganachon croquine volontiers les menteurs et les fanfarons. C'est sur son dos que tu parlementeras.
Knut-le-fourbe grimpa en maugréant sur Ganachon et Bouzouk fit cesser le rideau de flammes. Ils sortirent alors de la cellule. Le roi d'Aham braillant à cor et à cri qu'en aucun cas il ne fallait toucher à un poil de cheveu des deux chers amis qui l'accompagnaient. Ajoutant que le chef des Blettes était convoqué séance tenante dans la grande salle du conseil.

Ils passèrent entre deux haies d'ombres frémissant de haine et de rage, mais qui ne bronchèrent pas. Les Blettes étaient des mercenaires dociles. Tant qu'elles n'auraient pas connaissance des termes du marché, songeait Bouzouk, qui craignait la suite.

Mais c'était faire peu de cas des qualités de camelot du roi d'Aham, qui, à califourchon sur Ganachon dans la salle du conseil, brassa du vent à bouche-que-veux-tu. Il promit au chef des Blettes des batailles faciles, un empire à conquérir, ainsi qu'entrailles et cervelles drues comme champ de picons ! En comparaison des Perpères, conclut-il, l'armée de Morte-paye n'était qu'un en-cas de goulache !

Il y eut un moment de terrible silence, pendant lequel les yeux du chef des Blettes rougeoyèrent comme deux braises vives. Puis il opina du bonnet, convaincu, semblait-il. Tout allait donc pour le mieux, lorsque la cour du château retentit d'épouvantables beuglements. Les quatre négociateurs se précipitèrent à l'une des croisées de la salle du conseil. Pour apercevoir, l'œil pantelant, Bouffe-bœuf, Bel-essaim et Mille-mots, cernés par un cercle de Blettes au milieu de la cour, et brandissant épées, masses d'armes, piques. Tous les trois avaient chaussé des armures de soldards, sans doute empruntées à des morts, et abreuvaient leurs adversaires d'insultes.

La voix de Bouffe-bœuf vibrait de colère.

— Où avez-vous mis le Bouzouk et le Ganachon, faces de lunes noires !

— Rendez-moi mon mignard ! Corbillons ! Croupions de Nnour ! criaillait la Gogole.

Et Mille-mots bramait des « Ô ombres molassonnes ! » et des « Ô ténèbres risibles ! » à lézarder un mur.
La négociation capota illico. Le chef des Blettes se mit à meugler d'une voix sépulcrale que, désormais, le roi d'Aham s'échangerait contre ces trois pignoufs. À prendre ou à laisser.
Knut-le-fourbe se mit à siffloter d'aise, ravi. Quant à Bouzouk, foudroyé par cette arrivée intempestive, il ne voyait pas d'autre issue que de céder. Maudissant le stérile courage de ses trois amis, il empoigna le roi par le col et sortit dans la cour, Ganachon à ses côtés. Le chef des Blettes avait déjà rejoint les siens, qui formaient une haie noire et silencieuse autour des deux Gogols et du scribrouillon. En voyant apparaître leur ami, le trio poussa des hurlements de triomphe, que Bouzouk interrompit d'un geste rageur. Par Gozar-le-bilieux ! Quels forgeurs de panouilles, ces trois-là ! Moins futés qu'une anse de bourdalou ! En voyant leurs figures si heureuses de le revoir, Bouzouk sentait néanmoins fondre son cœur.
Tout le monde fut mis au courant de la nouvelle situation et le cercle des ombres s'ouvrit pour laisser le passage au trio, permettant à Bouzouk de déposer Knut-le-fourbe au pied du chef des Blettes.
Ainsi fut fait et l'échange eut lieu.
Puis le chef des Blettes ricana. Ses yeux devinrent deux

points fulminants. Il y avait désormais dans la cour du château une centaine de Blettes faisant face à quatre pignoufs et un canasson grotesque. Autant dire que la partie était inégale, songea-t-il.

Mais Bouzouk apprenait vite, au contact d'une engeance pareille. Très vite il sut que les dés étaient pipés, et le marché de dupes. Très vite il riposta et, puisqu'il s'agissait là d'un cas de force majeure, remua l'orteil, hop ! et alluma au milieu de la cour un gigantesque feu, qui chauffait comme les mille braseros de Mmolloche ! Puis, gonflant ses joues d'un vent terrible, il souffla sur les Blettes et les envoya au beau milieu des braises. Toutes, chef compris ! Par Zout-le-queux, quelle grillade cela fit ! et quel vacarme ! Les ombres se tortillèrent d'abord quelques secondes parmi les flammes puis grésillèrent avec un bruit effroyable. Dans l'épaisse fumée qui plomba le ciel, on crut entendre des mots d'un autre monde, des mots qui tournoyèrent longtemps au-dessus du château, comme de sombres oiseaux.

Mais rien qui ne remit en cause la magie de Bouzouk. Bigrebroin ! Il commençait à prendre grand plaisir à user de ses pouvoirs de Petit Gourougou ! Sous les hourras de ses compagnons, il courut vérifier que sa magie était bonne.

Elle l'était. Dans le feu qui se mourait déjà, faute d'aliments, il n'y avait plus que des rognures noirâtres, puantes, agitées d'ultimes soubresauts.

Les vainqueurs de l'armée de Morte-paye avaient vécu.

8

EN FIN STRATÈGE, Ganachon s'empressa de fermer le portail de jade. Qui sait s'il n'y avait pas d'autres Blettes battant la campagne proche ? Ou des gens d'Aham prêts à prendre les armes pour délivrer leur monarque ?
Ce fut le moment que choisirent les courtisards pour réapparaître. Un à un, ils surgirent de sous les armoires de la salle du conseil, où ils s'étaient réfugiés dès le début des hostilités. Ils se précipitèrent bouche en cœur vers Bouzouk et, avec mille courbettes, lui jurèrent obéissance et fidélité. Puis chacun d'eux saisit une poignée de cailloux caca d'or et se mit en devoir de lapider le pauvre Knut-le-fourbe. Bouzouk les en dissuada. Le roi d'Aham avait quelques secrets à céder. Tout d'abord l'endroit où il avait enfermé Morte-paye et ses capitaines. Puisqu'ils avaient retrouvé leur allant, Bouzouk envoya la meute des courtisards chercher, sous la

houlette de Bouffe-bœuf, les centaines de cocons entreposés dans les caves. Bel-essaim se chargerait d'en démailloter le contenu, femmes, enfants ou soldards. Puis il saisit l'oreille gauche de Knut-le-fourbe et la tire-bouchonna.

— Mène-moi où tu as cloîtré mon père, pet de prout ! Et vite !

L'autre le regarda avec effroi. Son père ! Morte-paye était son père ! Voilà qui expliquait le rubiole au doigt ! Le roi comprenait maintenant la froide détermination de Bouzouk. Ne dit-on pas qu'un fils cherchant son père a l'audace d'un skonj affamé ? Knut-le-fourbe trottina vers le donjon sans un mot. Mieux valait coopérer. En attendant son heure. Il y a toujours place pour une perfidie, avec le temps qui passe et ronge la méfiance, se disait-il.

Tandis que Ganachon faisait le guet sur les remparts, Bouzouk grimpait quatre à quatre l'escalier de pierres qui colimaçonnait au centre du donjon. Ils passèrent devant des portes scellées, où croupissaient Saint-Doublon, Croupe-duc, Barberolle. Bouzouk les ignora. Seule la dernière l'intéressait, dont il manœuvra fébrilement le lourd loquet.

La porte cloutée de fer s'ouvrit, découvrant un homme enchaîné, qui darda des yeux de fauve sur les arrivants en hurlant :

— Si tu viens m'achever, rabougri, tu verras comment meurt un Morte-paye !

Bouzouk fut ébaubi. Tout recroquevillé qu'il était, poignets et chevilles cerclés de fer, Baroud de Morte-paye semblait être debout et toiser l'adversaire.

— C'est moi, dit Bouzouk sobrement. Et il poussa devant lui le roi d'Aham pour bien montrer qu'il avait la situation en main.

Aucune surprise ne parut s'allumer dans les yeux du père. Comme s'il trouvait la présence de son fils parfaitement normale. Il regarda Knut-le-fourbe avec un profond dégoût, puis aboya à l'adresse de Bouzouk :

— Ôte-moi ces bracelets, par Ddrôg ! Que je reprenne forme d'homme !

Le roi d'Aham fouilla une bourse de cuir qu'il portait à la ceinture et en sortit un trousseau de clés qu'il tendit en tremblant à Bouzouk.

— Enferme-moi dans une geôle avant de le détacher, seigneur, ou il va me mettre en pièces à la seconde où il sera libre.

— C'est bien possible, fils de pouaque ! siffla Morte-paye. Un freux de ton espèce mérite mille morts ! Peut-être plus !

Bouzouk fit sonner le trousseau pour attirer le regard de son père. Il s'efforçait d'être calme, sûr de lui.

— Je ne vous libère qu'à une condition.

— Tu poses des conditions ? s'étrangla Morte-paye. À ton propre père ?
— Je ne vous libère, poursuivit Bouzouk, que si vous jurez de renoncer à la vengeance. De retourner dans les Kronouailles, au château de Morte-paye, vous, vos capitaines et le reste de votre armée. Sans combattre quiconque, sans rien brûler, ni piller, ni violer ! Jurez-le.
Un instant éberlué, Morte-paye fixa son fils d'un œil assassin.
— Pendant un instant, j'ai cru que tu étais redevenu un Morte-paye. Je vois que tu es de la race de cette frouille malfaisante qui mendie sa misérable vie. Ô combien j'ai eu raison de t'enterrer par deux fois ! Que Ggrok te fouasse de fiente, toi et tes semblables !
Ayant éructé un dernier juron, Baroud de Morte-paye se retourna vers le mur. Bigrebougre ! S'il fallait qu'un guerrier renonce aux plaisirs de la guerre, songeait-il, c'était la fin du monde ! Tuer, brûler, piller, violer faisaient partie des menus charmes d'un métier difficile et ingrat. Un métier où la solde se faisait rare. Où les lendemains étaient incertains. Son fils avait de la morve de baribou dans le crâne !
— Bien. Je vous laisse à la méditation, qui fait le sel de l'existence, dit Bouzouk, et il quitta la cellule, Knut-le-fourbe sur ses talons.
La porte claqua comme une hache sur un billot.

— Fils, je le jure ! hurla Morte-paye. Sors-moi de ce putrin ! Je jure tout ce que tu voudras que je jure !

Bouzouk, qui attendait derrière la porte, s'en fut délivrer son père, après lui avoir fait jurer sur la tête de Wûul, le dieu des serments, toutes les choses qu'il avait dites. Puis ils redescendirent l'escalier, libérant au passage les trois capitaines, auxquels Bouzouk fit jurer les mêmes choses qu'à son père. Knut-le-fourbe, de plus en plus inquiet sur son avenir, se demandait comment ces quatre forbans de guerre pourraient longtemps tenir leur promesse. Lui-même en aurait été bien incapable. Il lui coulait le long du dos une sueur aigre et malodorante. Sa poitrine semblait se rétracter, de même que sa gorge, ses pieds, sa nuque, ses orteils. Il n'avait jamais eu aussi peur de sa vie.

Il avait raison d'avoir peur. Car une fois dans la cour du château, devant ses soldards aux yeux fous, titubants, à peine sortis de leur cocon et dont plus de la moitié manquait, Morte-paye se mit à bouillir de colère et de haine. Il se frappa le crâne de ses énormes poings, trépigna dans la poussière, apostropha Ggrok, Ddrôg, Rrôdar et compagnie, en leur reprochant d'avoir permis sa défaite, gifla ses capitaines à tour de bras. Puis il s'adressa à son fils.

— Je tiendrai ma promesse, Martial. Mais laisse-moi une consolation, une seule. Laisse-moi venger mon honneur en combat singulier.

Il n'avait pas prononcé de nom. Mais chacun se tourna vers le roi d'Aham, qui vacillait déjà sur ses jambes, livide, prêt à vomir.

— P... pas de vengeance ! Tu as promis, Morte-paye, balbutia-t-il.

— Un duel ! Face à face, l'épée au poing, la dague au flanc. Tu as ta chance, croquin !

Bouzouk hocha la tête. La proposition de son père lui semblait juste. Il permit que l'affrontement eût lieu. Et tant pis si Knut-le-fourbe faisait dans ses chausses.

Contre toute attente, le roi d'Aham se ressaisit et proclama qu'il ne craignait rien ni personne. Ses yeux se mirent même à briller curieusement d'une lueur sauvage, cauteleuse. Il lança à Bouzouk :

— Je voudrais auparavant brûler un cierge à Kkrik, dieu des combats singuliers. Le permets-tu ?

Bouzouk permit derechef.

9

TANDIS QUE Knut-le-fourbe se recueillait dans la chapelle du château, Baroud de Morte-paye se préparait au combat. Il délia ses membres par de savants mouvements circulaires, s'assouplit nuque, poignets et chevilles, urina longuement. Puis il soupesa quelques épées, dont il choisit la plus lourde. Enfin il médita sur la vanité des hommes. Pas plus que nécessaire, comme il sied au guerrier.

— Je suis prêt, Martial.

Bouffe-bœuf, qui surveillait l'unique porte de la chapelle, toqua à l'huis. Comme rien ne se passait, il ouvrit le battant, disposé à attraper le croquin par la peau du cou et à lui botter le pousse-pet pour l'obliger à se battre. Mais il fut rejeté brutalement en arrière et valdingua au sol. Qui pouvait bousculer ainsi l'énorme Gogol ?

Bigreprusse ! C'était Knut-le-fourbe en personne !

Mais un Knut-le-fourbe méconnaissable ! Un Knut-le-fourbe métamorphosé en un guerrier avide de se battre, rictus hargneux, œil flamboyant, mollets de coq !

— Une épée, sur l'heure ! brailla-t-il à la ronde. Que je fende ce crapaud de Morte-paye en deux parts égales. Que je lui coupe le nez, la langue et les roubignoles !

— Par Ggrok-le-pueux ! s'esclaffa Morte-paye. On m'a mué un moulâchecouard en bravachon !

Il semblait ravi du changement. Courtisards, capitaines, soldards, personne ne saisissait néanmoins d'où le roi d'Aham tirait son ardeur soudaine.

Sauf Bouzouk, qui comprit vite que Knut-le-fourbe venait de s'approprier le contenu des quatre grimoires rangés dans le bât de Ganachon, et que les Blettes avaient mis en lieu sûr dans la chapelle. Quatre grimoires donnés par Dame Coulemelle, au sortir du palais du Poussah des Pouilles*. Les Mémoires de Rak-le-tuk, un grand guerrier, brave, borné, brutal, intrépide, expliqua-t-il aussitôt à son père. Morte-paye accepta sans sourciller que le roi d'Aham endossât l'identité d'un tel combattant. Il avait soif d'en découdre et, ajouta-t-il, de préférence avec autre chose qu'un tas d'étrons secs.

* Voir tome I, *Les mange-mémoire.*

Bouzouk apprécia la réaction paternelle. Il songea qu'il aurait pu avoir un Knut-le-fourbe pour père et remercia Zout de ne pas l'avoir permis. De toute façon, il était trop tard pour empêcher quoi que ce fût. Une fois de plus, hélas, la duperie s'avérait payante. Par quel hasard Knut-le-fourbe connaissait-il le trafic de Mmandragore et la magie de ses grimoires ? Les colporteurs, sans doute, qui avaient leurs entrées au château. On donna au roi d'Aham l'épée qu'il réclamait et les deux adversaires se postèrent au centre de la cour, dans un cercle que Mille-mots avait tracé à l'ocre rouge. Comme il est d'usage dans les duels, chacun insulta copieusement l'autre avant de croiser le fer. À ce jeu, les deux hommes étaient de force égale. Aux « Grabidouille » et « Foutriquon » de Morte-paye, Knut-le-fourbe répondait par des « Chiure de jojoba » et autres « Morvailleux ». Puis la joute commença.

Le premier assaut fut l'œuvre de Knut-le-fourbe, qui sentait rouler dans ses veines le sang ardent d'un preux. Jamais ses épaules n'avaient été si larges, sa poitrine si bombée, ses pieds si fermes sur le sol, lui si voûté d'ordinaire, lui qui rasait les murs en trottinant menu menu. Rak-le-tuk l'emplissait tout entier. Il porta à Morte-paye un coup d'estoc, droit sur lui, cherchant à percer la cotte d'acier de la pointe de l'épée. L'autre répliqua d'un coup de taille, qui dévia la lame du roi. La ferraille cliqueta durement, et le bruit engraissa la hargne des combattants. Ils se jettèrent l'un sur l'autre avec une furie bestiale, comme deux aurochs se chargeant.

Épouvantable choc, qui ébranla jusqu'aux remparts du château ! Leurs bras, leurs jambes, leurs troncs, leurs figures s'emmêlèrent, pour se repousser rageusement, et repartir de l'avant, pour frapper, frapper encore, abattre la lame qui sifflait, la faire tournoyer, s'abreuver d'injures de plus belle. Parfois une mâchoire s'avançait pour mordre un mollet ou un doigt, parfois un pied en écrabouillait un autre. Les cris se croisaient, s'entrechoquaient au milieu de la poussière qui montait du sol et voilait leurs yeux.

Morte-paye avait l'avantage du poids, Knut-le-fourbe celui de la souplesse. L'un frappait d'estoc, l'autre de taille. Mais chacun nourrissait à l'égard de son adversaire une haine égale, chacun avait une parfaite maîtrise de son arme et, par-dessus tout, chacun avait pleine confiance en soi.

C'était le combat de deux seigneurs de guerre. Un Knut-le-fourbe ordinaire aurait été balayé du plat de l'épée, mais celui qu'il était devenu en valait cent comme lui. Jamais Morte-paye n'avait eu d'adversaire aussi impétueux, aussi tenace, aussi farouche.

Quelle science de l'esquive ! Quel art de l'esbrouffe ! Quelle manière dans les volte-face et les parades ! Morte-paye était ébloui. Usait-il d'un bamoulinet ? Knut-le-fourbe ripostait par une vrillotte ! Portait-il une botte au flanc, l'autre parait avec une virevolte ! Ils en vinrent bientôt à se complimenter de leurs coups respectifs, de leur bravoure. Qui sait s'ils n'allaient pas finir par tomber dans les bras l'un de l'autre, et aller boire un pichet de kohol ensemble ? Savaient-ils seulement encore pourquoi ils s'affrontaient ? Sans compter que les courtisards, les capitaines et les soldards applaudissaient chaque coup, envoyant leurs casques et chapeaux en l'air.

Puis l'impossible arriva. S'emmêlant soudain les pieds, Morte-paye dégringola lourdement sur le sol. Son épée alla dinguer contre les pavés ; il était à la merci du roi d'Aham.

Celui-ci leva son épée pour donner le coup fatal. En une seconde, leur soi-disant fraternité d'armes s'était évanouie. Dans le regard de Knut-le-fourbe luisait une soif de victoire et de sang.

10

UN SIMPLE « Han ! » et l'épée allait s'abattre, fendre en deux crâne, cou, poitrine et ventre, ainsi qu'on le fait d'une simple poire de jardin.

Bouzouk n'hésita pas. Quoique les règles du duel l'interdissent, il remua l'orteil et arrêta le temps l'espace d'un soupir, qui ressembla alors à l'éternité. Il n'y eut plus dans la cour du château que des ombres pâles et translucides, figées comme de la cire froide. Bouzouk seul se mouvait parmi elles. Bouzouk seul pouvait penser, et agir.

Il tourna longuement autour des deux hommes immobiles. Avec une furieuse envie de leur botter le derrière, de leur tortiller le nez, de leur flanquer des gifles à tour de main.

Ainsi pétrifiés, ils avaient l'air de grotesques mannequins. L'un gisant à terre, appuyé sur un coude, fixant son adversaire d'un air de défi, à l'orée de la mort.

L'autre dressant sa lourde lame au-dessus de sa tête, la bouche grimaçante, l'œil fou. Tous deux suaient la mort et la haine. Rien que de très banal, s'agissant de guerriers. Pas de quoi s'en mordre les pieds. Mais parmi ces deux calcinés-du-cœur, il y avait son père. Et ce n'était pas rien, un père. Quel qu'il fût.

Fallait-il laisser le destin ratatiner Morte-paye ? Et par ce scélérat de Knut-le-fourbe, de surcroît ? Fallait-il que Bouzouk mette dans la main de son père à terre une dague, une fronde, une pique ? Qu'il recouvre son corps d'un bouclier invisible et incassable ? Qu'il change les deux duellistes en saucisson d'onagre ?

Bouzouk opta pour le raisonnable : le désarmement général. Il fit vieillir les deux épées de quelques siècles puis, d'un froncement d'orteil, relança le cours du temps. Lorsque le bras du roi retomba pour partager son adversaire en deux, le fer rouillé se désintégra en fine poudre brune.

Aubaine inespérée ! Avec un cri de triomphe, Morte-paye roula sur le côté, s'empara de son arme tombée et à son tour fit siffler sa lame au niveau du cou de l'ennemi. La même poussière brune vola dans l'air.

— Par Kkrik le cuistrôt ! C'est de la sorcelure ! se mit à bramer Morte-paye, les mains encore fumantes.

— Il y a du louche là-dessous, maugréa Knut-le-fourbe.

Mécontents, les capitaines et les soldards trépignaient, tandis que les courtisards réclamaient deux nouvelles épées. Un brouhaha s'élevait, qui exigeait un vainqueur et un vaincu. Et des tripes à l'air, et des têtes coupées, et du sang sur l'herbe.

Bouzouk était à deux doigts de transformer tout le monde en cloportes, cafards et blattes, lorsque son père leva le bras, réclamant le silence.

— En combattant comme un seigneur de guerre, Knut-le-fourbe s'est racheté. Mon honneur est sauf, désormais. Je quitte le royaume d'Aham sur-le-champ. J'ai dit.

Un énorme silence accueillit ces mots. Fait de surprise, de désillusion. Mais chez les siens, la parole de Morte-paye valait loi.

Malgré lui, Bouzouk admira son père.

Il le regarda rejoindre ses capitaines, leur donner l'accolade, puis vaquer parmi ses soldards afin de les réconforter. Mais Morte-paye n'eut pas un mot, pas un regard pour son fils, qui venait pourtant de lui sauver la vie par deux fois.

Il se passerait encore quelques heures avant que l'armée ne commence à s'ébrouer pour le retour en Kronouailles. Quelques heures pour chasser les fourmis des membres engourdis, panser ou recoudre les plaies. Bel-essaim dirigeait la manœuvre, massant une cuisse ou un bras, enduisant d'onguent, caressant un front, une main. Elle était reine dans ce genre d'exercice. Mille-mots dispensait de creuses paroles, comme il savait le faire. Bouffe-bœuf bouchonnait Ganachon.

Quant à Knut-le-fourbe, il s'était retiré dans la salle du conseil avec ses courtisards, et attendait le départ de l'ennemi.

Il flottait dans le château une atmosphère étrange, ni guerre ni paix, ni victoire ni défaite. Personne ne se sentait vraiment à sa place, tous avaient du brouillard dans le crâne.

Bouzouk comme les autres. Plus, peut-être. Voir et entendre son père lui procurait dégoût et fascination.

Il rejoignit Morte-paye, planté sur les remparts, qui scrutait l'horizon. L'autre ne se retourna point.

Tous deux restèrent un long moment ainsi, résolument muets.

— Pourquoi ne m'aimez-vous pas ? murmura soudain le jeune homme.

La phrase était sortie sans qu'il le veuille vraiment. Quelque chose d'impérieux, d'incompressible, pourtant.

Il n'attendait pas de réponse. Mais la voix de Morte-paye se découpa dans le silence.

— J'aimais ta mère, Martial. Mon cœur était rempli d'elle. J'ai dû partir guerroyer loin, au loin du loin, souvent. À l'époque, le Kron lorgnait l'empire de Ziao, aux confins du Médiome. Je l'ai toujours suivi. Chaque fois, je rentrais avec le bât de mon destrier chargé de bijoux, d'oiseaux magiques et de tissus pour ta mère. Chaque fois je la retrouvais plus lointaine, moins aimante. Je l'appelais la femme de glace. Quand je suis revenu de la bataille de Pû, meurtri, couturé de blessures, j'ai trouvé ta mère dans les bras d'un autre. Sous mon toit ! Ta mère, avec ce sale putois ! Avec un macaquon puant le parfum de femme ! Un trouvamour ! La grandgueuse me trompait avec Paulin d'Arang ! Un voix-de-faussard, un brouffaille-notes, un poète ! La grondasse !

Silence. Baroud de Morte-paye avait enflé sa voix jusqu'à presque crier le dernier mot, qui s'était brisé comme du verre. Il se tut. Bouzouk se retint pour ne pas hurler à son tour. Le cœur lui cognait à tout rompre.

— Ils se sont enfuis tous deux sur un cheval de mes écuries. Ta mère t'a abandonné, Martial, sache-le ! Abandonné pour un pousse-chanson ! Ils ont trouvé refuge ici, au royaume d'Aham. Ce fou d'Arang était un cousin de Knut-le-retors, le père de Knut-le-fourbe. Le roi les a accueillis dans son château. J'ai rassemblé mon armée et traversé les gorges d'Zwmlgfsct. La bataille a été longue, indécise, et nous avons été battus. Knut-le-retors utilisait des hardes de skonjs, le chien putride ! Pire que les Blettes ! Il a gardé son cousin, et ta mère ! Plus jamais je n'ai prononcé son nom.

Morte-paye haletait. Depuis tout à l'heure, il n'avait pas bougé d'un pouce, les deux pieds rivés à la pierre, le regard cloué sur le ciel clair. Bouzouk, lui, tanguait, la tête en feu.

— Tu m'as sauvé la vie, Martial. Je te devais la vérité. Mais voici ma réponse : je ne t'aime pas parce que j'ai trop aimé ta mère.

11

Bouzouk resta longtemps sur les remparts, après les terribles révélations de son père. Il vit le long ruban de l'armée partir vers le sud. Il vit le nuage de poussière retomber. Il vit le ciel lentement s'assombrir.

On vint lui taper sur l'épaule, lui proposer des gâteaux au miel, lui caresser la joue. Rien n'y fit. L'univers qu'il tentait si fort de reconstruire, son passé, était sans cesse laminé par ce qu'il apprenait : enterré et haï par son père, abandonné par sa mère. Ça ne pouvait pas être pire.

Fallait-il qu'il abandonne sa quête ? Qu'il se contente d'être, sans avoir été ? Il se sentait au bord d'un gouffre, et les pas qu'il faisait le rapprochaient sans cesse du vide. Il devenait peu à peu de plus en plus flou et meurtri.

Il restait silencieux, son regard se voilait imperceptiblement. Peut-être se serait-il momifié sur pied si un événement d'importance ne s'était pas produit. Le contraignant à rejoindre la réalité.

— Par la raie de Gozar ! brailla Bouffe-bœuf, la main en visière sur le front. Morte-paye revient !

En effet une forte poussière annonçait l'arrivée d'une troupe.

Branle-bas de combat au château. Aux cris du Gogol, Knut-le-fourbe s'était rué sur les remparts, tandis que ses courtisards s'étaient allongés de nouveau sous les meubles. Seul, sans arme, le roi d'Aham proclama qu'il allait arrêter net l'armée de ce perfide, de ce traître, de ce...

— Calme-toi, siffla Ganachon, qui avait l'œil perçant. Cette troupe arrive de l'est et c'est de la piétaille. Je vois même des chaînes reliant les chevilles de quelques marcheurs. D'autres ont des piques et les aiguillonnent.

L'information circula. Les courtisards ressortirent alors de sous les meubles et grimpèrent aux remparts.

— Mais c'est Crasse-pogne, gloussa un gnome emplumé. Il nous revient avec un troupeau de taupions ! Comme à chaque lune, pour...

Il fut interrompu par une main qui bâillonna sa bouche et la meute des courtisards s'empressa de changer de conversation. Ganachon affina sa description.

— Je vois un géant marcher en tête. Il porte une barbe verte.

Barbe verte ! Les deux mots fouettèrent Bouzouk, qui s'arracha au silence.
— Un géant à barbe verte ! Tu es sûr, Ganachon ?
— Plus sûr que sûr, cavalier. Verte comme prairie au printemps.
Mille-mots se mit à piailler comme un mok.
— Le voilà, Bouzouk ! Celui à qui j'ai vendu ton grimoire ! C'est lui !
Par Zout-le-hardi ! Voilà qui s'appelait tomber dans la gueule du skonj ! Tout compte fait, Bouzouk avait une chance de tous les broins ! Il ordonna qu'on dégarnisse les remparts, afin que Crasse-pogne ne se doute de rien. Tout le monde dégringola dans la cour, y compris Knut-le-fourbe, qui ne comprenait rien à ce mic-mac, mais qui se fiait à Bouzouk. Il accepta même de regagner la salle du conseil en compagnie de ses courtisards qui se recroquevillèrent sous les fauteuils en attendant les catastrophes à venir.
On ouvrit le portail de jade. Bouzouk et ses compagnons se tapirent derrière les battants et attendirent. Il fut convenu qu'ils sauteraient comme un seul homme sur le géant à barbe verte dès qu'il franchirait le pont-levis. Ganachon se prépara même à expulser quelques crocrottins en cas de besoin.
Le piétinement de la troupe grossissait à vue d'ouïe. Ça cliquetait, ça ferraillait, ça tintait comme des

grelots et le sol tremblait de plus en plus. Les cinq amis bandaient leurs muscles, prêts à bondir.
Puis, bizarrement, le bruit décrut, comme s'il s'éloignait, et finit par disparaître tout à fait. Bouzouk avança la tête, jeta un œil sur l'horizon. La plaine était vide. Il n'y avait plus un poil de piétaille, de géant, de barbe verte, rien. Juste un peu de poussière qui flottait encore dans l'air, à quelques centaines de coudées. Encore se dissipa-t-elle rapidement.
— Un mirage ? Il y a des mirages, par ici ? balbutia Bouzouk.
Ganachon, les naseaux palpitants, secoua la tête.
— Je sens encore l'odeur puante des pieds, la sueur des aisselles, le remugle des chausses souillées. Non, cavalier, il y avait bien de la piétaille ici voilà peu.
Devant un tel prodige, tous restèrent sans voix. On ausculta le terrain pouce par pouce, on fouilla méticuleusement les taillis, on secoua les arbres. Rien. Le fourmillement des buissons était tel que le ratissage pouvait bien durer cent lunes. On abandonna.
Bouzouk était déconfit. Sans Crasse-pogne, le barbu vert, pas de grimoire. Sans grimoire, pas de mémoire. Sa vie tournait soudain à vide, une fois de plus.
— Si nous interrogions les courtisards ? dit soudain Bel-essaim. Ils avaient l'air d'en savoir sur le compte de ce géant. Et même d'en savoir trop, si j'ai bien compris.

C'était une excellente suggestion. Bouzouk et les autres se rendirent illico dans la salle du conseil. S'ils savaient quelque chose, ces empapaoutés à aigrette videraient leur sac à la moindre menace, frouillards qu'ils étaient !

Seulement voilà : lorsque Bouzouk pénétra dans la salle, la seule et unique personne qu'il y trouva fut Knut-le-fourbe, qui bâillait d'ennui devant une croisée ouverte.

— Où sont tes courtisards ? hurla Bouzouk.

Le roi d'Aham désigna d'un geste distrait le trou béant de la croisée.

— À force de se coucher sous les meubles, d'en sortir, d'y retourner, de coucouler et de pépier comme des pintades, ces freux me tournicotaient la tête. Je les ai tous défenestrés.

Les bras de Bouzouk lui tombèrent le long des flancs. Il courut à la fenêtre en espérant qu'elle donnât sur une terrasse ou un balcon. Las ! De ce côté-ci du château s'abîmait un ravin vertigineux, qui devait, avec Knut-le-fourbe, avoir eu son content de victimes depuis des lustres et des lustres. Les courtisards ne pépieraient plus rien.

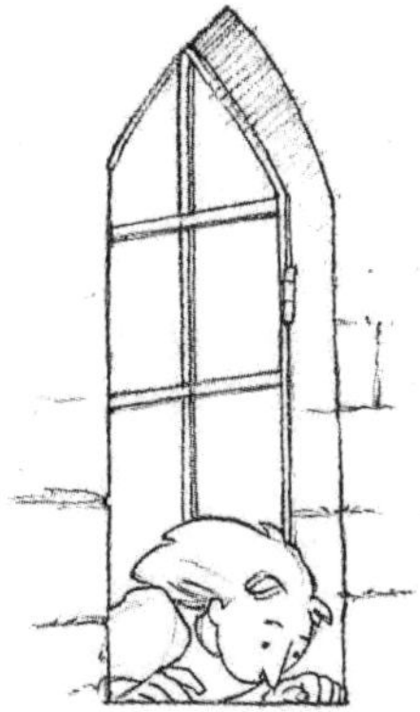

Non plus que le roi d'Aham, dont la cervelle était farcie désormais des seuls souvenirs de Rak-le-tuk. Peut-être l'ancien Knut-le-fourbe aurait-il pu renseigner Bouzouk. Mais le nouveau ignorait tout de ce soldard à barbe verte et de cette étrange piétaille aux chevilles entravées. « Les taupions », avait dit le gnome à plumes. Cela sonnait comme des créatures d'outre-monde !

Un mystère de plus.

À mesure qu'il cherchait son passé, Bouzouk était de plus en plus cerné par les mystères. Le plus angoissant à ses yeux était lié à sa mère. Elle venait de faire une entrée fracassante dans sa vie, par la bouche de Morte-paye. Mais elle surgissait du néant associée à un abandon, à une fuite. Bouzouk eut la vision fugitive d'une statue émergeant des flots, brisée, couverte d'algues.

Il lui fallait pourtant affronter son passé, quel qu'il fût. Dame Vertugandine s'était refugiée au royaume d'Aham, autrefois. Peut-être y était-elle encore. Elle et son Paulin d'Arang.

Bouzouk fit part à ses compagnons des révélations de Morte-paye. Il ne leur cacha rien. L'histoire disait quelque chose à Mille-mots. Le nom de Paulin d'Arang ne lui était pas inconnu, mais son vieux cerveau était trop brumeux, hélas.

Comme ils étaient dans la salle du conseil, les cinq

amis tinrent conseil. Ce fut rapide. On décida de passer le petit royaume d'Aham au peigne fin.

— Nous retrouverons ta mère, dit Mille-mots. Je te le jure.

Bouzouk le crut. Quelque chose lui disait qu'il n'était pas orphelin. Quelque chose comme l'envie de poser sa tête sur des genoux et de s'y endormir en suçant son pouce.

Deuxième partie
Dame Vertugandine

1

La petite troupe choisit de quitter le château juste avant l'aurore, alors que les étoiles commençaient à pâlir. Ils laissaient derrière eux un Knut-le-fourbe absolument seul, sans Blette, sans courtisard, au milieu d'oiseaux mécaniques pépiant gaiement, de jardins luxuriants, de fontaines bleutées. Un Knut-le-fourbe un peu désorienté par sa nouvelle identité. Lorsque les cinq compagnons voulurent le saluer, avant leur départ, ils le trouvèrent devant un grand miroir doré, abîmé dans une réflexion profonde. À leurs adieux, il répondit par un « Bon appétit ! » qui prouvait son désarroi.

— Il s'y fera, pronostiqua Mille-mots, qui s'y connaissait en désarroi.

Bouzouk avait décidé qu'ils se sépareraient pour arpenter le royaume d'Aham de long en large. Lui au nord, Ganachon au sud, Mille-mots à l'ouest.

Bel-essaim et Bouffe-bœuf se chargeant de ratisser l'est. Ainsi seraient-ils plus libres de leurs mouvements. Moins repérables, aussi.
— Ratisser un royaume à pied ? s'étouffa Bouffe-bœuf.
— J'ai vu des labourrins dans les écuries royales, dit Bouzouk.
On respira. Les labourrins étaient des chevaux mafflus, musculeux, capables de porter n'importe quoi ou n'importe qui. Chacun prit le sien, y compris Ganachon, qui voulut savoir au moins une fois dans sa vie ce que signifiait le mot « chevaucher ».
Il dut s'y essayer à trois reprises mais, une fois grimpé sur sa monture, il avait plutôt fière allure. Un cheval de dix coudées à califourchon sur un labourrin est un spectacle rare, inestimable. Mille-mots ajouta qu'il était toujours utile à un cheval d'économiser ses sabots.
Ils se mirent à trottiner tous les cinq dans le petit matin. Leur mission était simple : retrouver les traces de Paulin d'Arang. Natif d'Aham, le trouvamour devait avoir eu des amis d'enfance, des parents, et s'il y vivait encore, on avait bien dû l'apercevoir de-ci de-là. Cherchant Paulin d'Arang, on trouverait forcément Dame Vertugandine. Ou les deux. Et vice-versa.
Ils s'arrêtèrent au premier carrefour. Rendez-vous fut pris à ce même endroit, au crépuscule du troisième jour, pour confronter leurs informations. Si elles

étaient concordantes, expliqua Bouzouk, ils repartiraient ensemble dans une même direction. Si quelqu'un manquait au rendez-vous, c'est qu'il serait mort ou prisonnier ou tombé dans un trou. Alors les trois autres iraient dans la direction qu'il aurait prise pour l'enterrer ou le tirer de ce mauvais pas. Si personne n'était au rendez-vous, conclut Bouzouk, il faudrait changer de stratégie.

Mille-mots trouva le plan compliqué et Bouffe-bœuf avoua qu'il n'avait rien compris. Bel-essaim aimait trop son Bouzouk pour le contrarier. Quant à Ganachon, il cherchait surtout à garder son équilibre.

Puis ils se séparèrent.

C'était la première fois depuis longtemps que chacun allait son chemin et tous étaient troublés. Bouzouk plus que les autres, peut-être, car cette quête était la sienne. Ce fut le seul des cinq à ne pas se retourner.

Une colline lui cacha bientôt ses quatre compagnons, et cela le soulagea. Il se sentit soudain plus léger, comme s'il recouvrait une sorte de liberté, d'irresponsabilité. Être le cavalier d'un Ganachon, l'objet de passion d'une Bel-essaim, l'ami très cher d'un Gogol et d'un scribrouillon, tout cela était parfois lourd à porter. Chaleureux, drôle, revigorant, mais lourd.

Ainsi méditait Bouzouk en route vers le nord du royaume d'Aham, lorsqu'il aperçut un glébeux dans un champ fraîchement retourné. L'homme, cassé en deux, tirait un soc de ses deux bras. Il suait, soufflait, haletait sous l'effort, laissant derrière lui un maigre sillon dans la terre.

— Holà, toi ! hurla Bouzouk. Je cherche Paulin d'Arang ! Le connais-tu ?

L'autre s'arrêta net, écarquilla deux petits yeux noirs.

— Tu as un bien joli labourrin.

— As-tu entendu ma question ?

— J'y répondrai si ton labourrin tire mon soc. Je m'y tourille le dos, moi.

— Soit, dit Bouzouk, qui attela illico sa monture à l'instrument et se mit à pousser des « Hue-dia ! Hue-bourriquin ! » à tire-larigot.

Il y passa un rude moment, car la glaise était pleine de rocailles et racines. Mais à la fin le champ était zébré de mille sillons profonds. Le glébeux était aux anges.

— Par Gouano ! Si plantaille ou semaille t'intéresse, je t'embauche tout de suite, étranger !

— Réponds à ma question, homme.

— Je l'ai oubliée, depuis le temps.

Bouzouk répéta et le glébeux secoua la tête.

— Jamais ouï ce nom.

Et Bouzouk de hurler qu'il allait lui faire manger ses mottes de terre si le glébeux se fichait de lui une seconde de plus !

Et le glébeux de rétorquer qu'il avait répondu à sa question comme promis ! Puis d'appeler à l'aide tout un tas de glébeux alentour en braillant qu'un étranger voulait lui manger le crâne avec des histoires à labourer la pierre ! Et qu'il avait un superbe labourrin dur à la tâche !

Bouzouk préféra quitter l'endroit illico. En se jurant de ne plus se laisser piéger par des culs-glaiseux aussi malhonnêtes. Sans compter que de toutes parts arrivaient des cohortes de glébeux prêts à casser du Bouzouk à coups de houe, serfouette et piochon.

Par Zout-au-groin-de-gruche ! Comme il aurait aimé les changer tous en meule de paille ou en bouse de vachetrin !

2

LE SOLEIL ÉTAIT HAUT, à présent, haut et chaud. Bouzouk songea à une halte fraîche, près d'un lac. Le labourrin martelant de ses quatre gros sabots le sentier lui emplissait la tête d'un perpétuel grondement de rocaille, *bam badabam, bam badabam*. Il regrettait le train léger de Ganachon, sa bonne humeur, sa conversation.

— Bonjour, joli raboudin.

Bouzouk sursauta. Tout à sa rêverie, il n'avait pas vu se matérialiser sur le bord du chemin une lourde silhouette de femme, enveloppée dans des voiles blanchâtres. Elle se tenait campée sur ses deux pieds robustes, les poings sur les hanches, l'œil goguenard.

— Tu cherches quelqu'un ? grasseya-t-elle.

Par Zout-bec-d'âne, les nouvelles allaient vite, dans le coin ! Bouzouk fronça les sourcils avec méfiance. Cette femme avait peut-être partie liée avec les glébeux. Mais il ne pouvait négliger aucune piste.

— Je cherche un trouvamour, bonne dame.
— Ces freluques au cœur d'oiseau qui tissent velours à l'oreille des jouvencelles ? J'en connais un.
Elle grimpa d'un bond sur la croupe du labourrin, sans même demander l'avis de son cavalier. Étonnamment légère pour sa corpulence. Elle pressa sur le jeune homme ses formes opulentes.
— Il loge au pied de la falaise d'Wsix, dans un gourbi de craie et d'ocre. Je vais t'y conduire.
Bouzouk ne se déroba point. Un trouvamour, pourquoi pas ? Peut-être aurait-il des échos sur Paulin d'Arang. Guidé par l'inconnue, toujours appuyée contre lui, il obliqua vers l'est, suivit la lisière d'une forêt sombre, s'enfonça dans un ravin surplombé d'une falaise blanche comme du lait.
— Nous arrivons, raboudin.
Elle montra une cabane de craie sèche, où s'inscrivait le rectangle sombre d'une porte. Une fumée verdâtre grimpait dans le ciel. L'endroit était silencieux, sinistre, solitaire. Idéal pour un guet-apens. Bouzouk était sur ses gardes et même plus. La femme sauta à terre et, se penchant par l'ouverture, beugla :
— Je t'amène un client, Trousse-cœur !
Rien. Le gourbi resta de marbre.
— Ce mou-du-flanc est encore en train de cuver son kohol ! fulmina-t-elle en s'engouffrant dans la cabane.

Il y eut un fracas de verre cassé, quelques cris, dont ceux d'un homme, et la femme ressortit, les joues luisantes de larmes.

— Il m'a traitée d'outre molle, bafouilla-t-elle. De broute-patin, de frotte-au-derche ! Moi ! Quand je pense qu'il me roucoucoulait encore après hier soir !

Bouzouk sentit l'impatience lui monter à la gorge et entra à son tour dans la cabane de craie. Il y trouva un long vieillard affalé sur un tabouret, devant un âtre qui flambait. Il ne tourna même pas la tête à l'arrivée du jeune homme. Sur ses genoux reposait une liasse de lettres qu'il jetait l'une après l'autre dans le feu, accompagnant chacune d'elle de soupirs, de gémissements. Ses vieux yeux étaient humides de pleurs, ou chassieux. Bouzouk respecta un moment son manège, puis :

— Je cherche un homme, Trousse-cœur.

— C'est ton droit, criquon. Moi, j'ai longtemps cherché une femme. Trop longtemps, sans doute. Quand j'ai réussi à la retrouver, elle n'était qu'une ombre dans mon cœur.

Il jeta une dernière feuille dans les flammes.
— Aujourd'hui, je brûle toutes ses lettres d'amour. Aujourd'hui, je meurs pour la seconde fois. Aujourd...
— Paix, l'ancêtre ! Paix ! se mit à brailler Bouzouk soûlé de mots. À force de te répandre tu vas finir par devenir liquide !
Parole cruelle qui atteignit son but. Trousse-cœur sembla se réveiller d'un cauchemar, dévisagea tout à coup Bouzouk.
— Par Amadou ! Que veux-tu donc, pistounet ? Que je t'invente des mots d'amour ? Que je tourne de belles phrases pour toi ? Que je déclare ta flamme à une belle ? Que je tourne quelque poème ? Quelque blason ? Quelque chanson ? Dis-moi, criquon, dis-moi donc... Trousse-cœur a tout compris de l'amour ! Tout, hélas !
Ce bavotton était intarissable, par Zout-le-pissard ! Bouzouk dut lui bâillonner la bouche pour en placer une.
— Le nom de Paulin d'Arang te dit-il quelque chose ?
Une ombre voila d'un coup le regard de Trousse-cœur, et cela n'échappa point à Bouzouk. L'homme connaissait ce nom. Le cœur du jeune homme tambourina.
— Parle ! hurla-t-il. Ou je donne ta langue en pâture aux Nnours !
Le vieux trouvamour se ratatina sur son siège, l'œil larmoyant.

— Je ne sais pas grand-chose, fils. Seulement que ce nom est sept fois maudit au royaume d'Aham, et qu'il ne faut le prononcer sous aucun prétexte. Que ses chansons et ses poèmes ont été brûlés en place publique, bien qu'il fût le plus grand trouvamour de son temps. Je le sais, j'y étais. J'ai vu le grand brasier.

— Mais lui, Trousse-cœur ! Lui ! Où est-il ?

— Évaporé ! Évanoui ! On dit qu'il a payé cher, très cher, un grand amour. Je ne sais rien de plus, je te le jure, criquon.

Bouzouk se sentit soudain vide, sonné. Il tituba jusqu'à la cheminée, s'y adossa, le regard perdu dans les braises fumantes.

— Qu'est-il pour toi ? chevrota Trousse-cœur.

Bouzouk hésita, le cerveau une nouvelle fois plein de brume. Puis il s'entendit répondre :

— J'aurais aimé qu'il fût mon père.

Pourquoi pas ? Puisque le sien ne l'aimait pas, Bouzouk se choisissait un autre père, voilà tout. Sans saisir le sens exact des mots, Trousse-cœur hocha la tête.

— Ton père ? Attends, criquouillon...

Trousse-cœur grimpa cahin-caha une échelle qui montait au grenier, disparut par la trappe. On l'entendit qui fouillait, farfouillait, pestait, déplaçait mille choses, pestait encore, avant de pousser un cri de triomphe. De redescendre cahin-caha, de tendre une

feuille pliée en quatre. Une feuille jaunie, racornie, rongée. Brûlée, même.
— Lis, criqueton, lis.
Bouzouk déplia lentement le papier.
C'était le début d'un poème. Les deux premiers vers.

Tu es ma nuit de miel
ma voix mon cœur ma vielle

Douze mots interrompus par le feu, semblait-il. Douze mots qui flambaient d'amour. Bouzouk se mit à trembler. Était-ce à sa mère que ces vers s'adressaient ?
— C'est tout ce que j'ai réussi à sauver. Je te le donne, criquon.

3

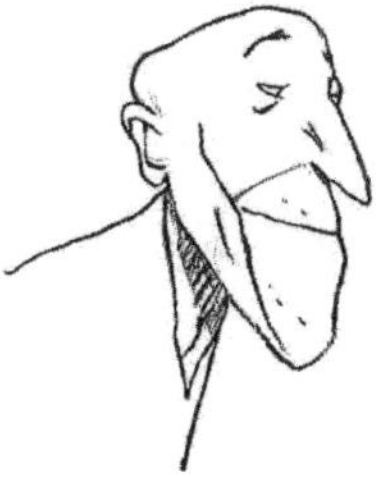

BOUZOUK ne repartit pas ce jour-là. D'abord parce qu'il avait besoin de digérer ce qu'il venait d'entendre, ensuite parce que Trousse-cœur et Dame Bouillote insistèrent pour qu'il passât la nuit chez eux. Il ne le regretta pas. Le trouvamour et sa bonne dame, malgré les apparences, s'adoraient plus que de raison. Ils s'inventaient même des querelles d'amour pour passer le temps, ce qui est l'apanage des grands amoureux. Comme cette histoire de lettres jetées au feu. Du grand art.

Voilà des années que Dame Bouillotte jouait les rabatteuses pour son vieil amant, en perte de vitesse. Trousse-cœur arrivait encore vaille que vaille à inventer quelques vers pour des passants peu regardants, des amoureux de pacotille, des écoliers ou des soldards. Il bredouillait des bouts de chansons, tricotait des comptines. C'était tout ce qui lui restait de son métier d'autrefois, qu'il avait exercé longtemps, aux confins du royaume d'Aham et même en Kronouailles. Bon an mal an, il en tirait quelques broufs et comme Dame Bouillotte se contentait de peu, tout allait pour le mieux. Tous deux trouvaient aussi que c'était miracle d'être ensemble.

La soirée fut donc pleine de mots d'amour et l'on mangea une ragougnasse de baribou, la spécialité de Dame Bouillotte. Puis Bouzouk s'endormit sur un nid de paille, au grenier. Ce fut une de ses meilleures nuits.

Au matin, il trouva Trousse-cœur lavé et rasé de frais, vêtu de son costume d'apparat, tunique vermeille et grande capeline noire, sa manivielle sur les genoux. Dame Bouillotte le regardait comme au premier jour et, lorsqu'il entonna une chanson d'adieu de sa pauvre voix blanche, les yeux lui coulèrent d'abondance. Quand il eut plaqué le dernier accord, Trousse-cœur nomma l'auteur de la chanson. Il s'agissait de Paulin d'Arang.

— Je les ai toutes dans ma tête depuis des lustres, criquou ! Et toutes les interdictions n'y feront rien ! Jamais ! Ton presque-père était le prince des trouvamours !

Bouzouk grimpa le plus vite qu'il put sur le labourrin. Rester plus longtemps en compagnie de ces deux-là lui faisait trop de bien, ou trop de mal. Il reviendrait, songea-t-il.

Au moment du départ, Trousse-cœur lui donna une piste, qui ne valait peut-être pas un pet de skonj, dit-il. D'après ce qu'il savait, à une demi-journée de marche, vers le nord, était un crapoussin nommé Pilpil, habile à retrouver des objets perdus, et même des personnes disparues. Pour Bouzouk, en peine de savoir où guider ses pas, n'importe quoi faisait l'affaire. Il remercia Trousse-cœur et Dame Bouillotte, puis partit une fois de plus sans se retourner.

Le ravin débouchait sur un horizon paisible, jalonné de collines vertes et dodues, de champs de blute. Bouzouk y vit un signe d'espoir. Il chemina vers le nord, vers le crapoussin. À midi, il arriva en vue d'une colonne de schiste coiffée d'un énorme nid de corbillons, fait, comme à l'ordinaire, de glaise, de brindilles et de mouffe. Mais nul piaillement, nul claquement de bec, nul froufrou de plumes. De corbillon, point. En revanche apparut sur le rebord du nid un minuscule visage blafard, qui lorgna le jeune homme de deux yeux perçants comme poinçons.

— Sais-tu où niche Pilpil, moinillon ?

— Tu l'as en face de toi. Que veux-tu ?

La voix du crapoussin était comme un pépiement d'oiseau.

— J'ai besoin de ton savoir. On m'a dit qu'il était grand, flagorna Bouzouk.

— Si tu cherches ce que j'ai déjà trouvé, étranger, alors, nous nous entendrons.

Bouzouk fronça les sourcils. Il n'était pas sûr d'avoir bien compris.

— Je cherche...

— Ne dis rien, coupa Pilpil. C'est inutile. Voilà ce que je te propose aujourd'hui : une bourse avec trois broufs, des coussins brodés, une mallette de voyage, une pipe légèrement fendue, un portrait de femme. Choisis.

— Je cherche un homme, Pilpil.

Le crapoussin émit un sifflement.

— Par Bubur-le-golik ! Voilà qui est délicat. Et nettement plus coûteux, mon cher.

— Je paierai ce qu'il faudra.

Un grand sourire fendant sa face blême, Pilpil compta sur ses doigts.

— Que dirais-tu d'un marchand de paillotte ? Ou d'un jeune glébeux plein d'allant ? J'ai aussi une amirale, un vieux piroguier et un chercheur d'or.

— N'aurais-tu pas dans tes tablettes un trouvamour nommé Paulin d'Arang ?

— Malheureux frouard ! Qu'est-ce que la vie t'a donc appris ? À prononcer un nom, à émettre un désir, on fait fuir ce qu'on cherche !

Et le crapoussin de gesticuler, de trépigner, de pérorer

sur les prompts-à-tout, les fend-trop-d'air, les presse-saison ! À l'entendre, le monde était rempli de gourmandins assoiffés de tout-de-suite !
Tant et si bien que Bouzouk, entourant de ses bras la colonne de schiste, se mit à la secouer pour faire tomber Pilpil de son nid. Ce donneur de leçons en méritait bien une.
Il chuta comme un fruit blet. Bouzouk lui attrapa les joues et le brimbala rudement.

— Maintenant, fils de frouille, tu vas faire ton métier de berce-pendule. Et pas de pipaillerie ni de calembourres foireuses ! Je veux une longitude et une latitude. Je t'écoute.
Pilpil obtempéra. On ne résiste pas à un Bouzouk en colère, notamment lorsqu'on pèse à peine plus qu'un grain de blute. Il se frotta le croupion, qu'il avait endolori, et croassa :

— As-tu un objet lui ayant appartenu, bague, chausses, mouchoir, perruque ?...
Bouzouk tendit la feuille où s'ébattaient les deux vers de Paulin d'Arang. L'autre fit la moue.
— Des mots ! Il n'y a pas plus mensongers que les mots ! Enfin, donne toujours.
Pilpil lut les deux vers plusieurs fois, à haute voix, à l'envers, à l'endroit. Puis il sortit de sa poche un pendule et une carte du royaume d'Aham, qu'il tenait, affirma-t-il, des géographes royaux. Saisissant le pendule entre le pouce et l'index, il le promena lentement au-dessus de la carte. Il n'y eut pas la moindre oscillation.
— Tu attends que le mouna souffle pour que ton pendule se balance, oisillon ? grinça Bouzouk en lui saisissant l'oreille.
— Il oscille, il oscille, s'empressa Pilpil.
Effectivement l'anneau suspendu au fil se mit à gigoter, à tournicoter de plus en plus vite, à vrombir dans l'air. Bref, il se passait quelque chose.
— Je t'écoute, dit Bouzouk.
— C'est confus, étranger. Tout ce que je peux dire, c'est qu'il a trouvé refuge sous un toit de pierre, dans un hameau où rien ne bouge...
— Où, tête-d'étron, où ? Nomme l'endroit !
Le crapoussin tapota d'un doigt tremblant un point sur la carte.

— Q-quelque part entre le roc d'Orfroi et le fleuve Rô, étranger. J-je ne peux être plus précis.
Bouzouk poussa un cri de triomphe. Par Zout-le-lippu ! Voilà qui était prometteur et même plus ! Il empoigna la carte et sauta sur son labourrin.
Il laissa un Pilpil au bord des larmes, qui se demandait comment il allait bien pouvoir regrimper dans son nid, lui qui ne savait pas voler.

4

Il avait beau flanquer de grands coups de talon dans les flancs de son cheval, Bouzouk réussissait à peine à le faire avancer. Le labourrin peinait à s'arracher à la gangue argileuse du chemin, s'enlisait parfois jusqu'à mi-jarret. Plusieurs fois Bouzouk dut user de menaces, de promesses, de flatteries afin que sa monture poursuive sa route. Les labourrins ont de grandes qualités mais se découragent vite.

Il faut dire que la pluie dégringolait depuis des heures et des heures, rendant la terre aussi molle qu'une purée de limaces. Des cargaisons d'eau venues d'un ciel gorgé de tempêtes, de tourbillons noirs.

La nuit tombait peu à peu, sans que Bouzouk aperçoive à l'horizon une quelconque masure, ou un refuge. De quoi s'abriter pour dormir, reprendre souffle. Certes le roc d'Orfroi était à un doigt, sur la carte, mais ce doigt-là semblait interminable. Quant au Rô, qu'il longeait

depuis un bon moment, il enflait à vue d'œil, grondait, écumait, fouettait ses berges. Encore quelques tombereaux de pluie et il déborderait, noyant le vallon. Bouzouk n'aurait pas aimé être en train de caracoler à cet instant-là.
Il pressait donc le labourrin tant qu'il pouvait. Fichu roc d'Orfroi ! Quand allait-il apparaître ?
C'est alors qu'il aperçut une lueur, d'abord aussi ténue que la flamme d'une bougie, puis de plus en plus forte. Elle semblait proche, accueillante. Une bicoque, sans doute.
— Un dernier trot, bourriquon, et nous y sommes ! beugla Bouzouk, penché sur l'encolure du cheval.
Le labourrin avait compris. Il fit appel à ses ultimes ressources, moulinant des sabots comme s'il bravait quelque autre champion du galop. Chacun de ses pas arrachait des soupirs à la glaise du chemin. Bouzouk eut nettement l'impression qu'ils allaient s'envoler.
Jusqu'au moment où le sol parut s'évanouir sous eux. Pire, il s'ouvrit et commença de les engloutir. Bigregrain ! Des sables mous ! De ces sables liquides qui avalent les voyageurs égarés ! Qui les enfournent comme fourrache ! Qui les digèrent lentement pendant des mois et des mois avant de les recracher en aval, concassés, vidés.
Déjà le labourrin était enfoncé jusqu'au ventre, et

Bouzouk se sentait aspiré avec lui par cette effroyable bouche de sable. Ses deux pieds étaient déjà mangés par le sable, orteils compris. Ses orteils de Petit Gourougou, bigremoche ! Pas question de magie pour se sauver ! Il chercha une branche où se suspendre, un piton où s'accrocher. Mais il n'y avait autour de lui que la nuit noire vomissant des trombes d'eau.

Là-bas, la lueur brillait toujours, si proche, si chaleureuse. Il hurla qu'on l'aide ! Il devinait le sable monter lentement le long des flancs du labourrin. Puis quelque chose s'agita, à une centaine de pas. Une barque ! On appareillait une barque pour le secourir. Ah ! Les braves gens !

— Par ici ! tonna-t-il. Vite ! Je m'ensablonne !

Les sauveteurs n'étaient plus loin, maintenant. On souquait ferme, sur la barque. Quatre silhouettes massives, qui poussaient des grognements à chaque coup

de rame dans le sable. Elles arrivaient, Bouzouk s'apprêta à agripper une main, un bras.
Une lanière siffla soudain, s'enroula autour de son cou, le déséquilibra. Il bascula dans le sable, tête en avant, sans rien comprendre.
— Esgourdine-le, maintenant ! Un bon coup sur le bagnat !
Un rondin lui percuta l'épaule, sans l'assommer vraiment. Les quatre canailles ne voyaient pas plus clair que lui.
— Il est à point ! Souquez, souquez, qu'on le traînaille jusqu'au bord ! Souquez, pestefouchtre ! Sinon on va tous y rester !
Bouzouk avait réussi à agripper la lanière de cuir, ce qui soulagea son cou étranglé. Le sable lui mangeait le visage, lui rentrait partout, bouche, narines, yeux, oreilles. Enfin, il sentit qu'on le traînait sur l'herbe molle. On le bourra de coups de pied, en riant. Les quatre canailles avaient l'air content.
— Fouraille-lui les pochardes, Bec-bubon ! Sûr qu'il a plein de broufs au fond !
— M'est avis qu'il est du château, çà ! As-tu vu ses cheveux d'angelot, Sac-à-bougne ? Il va nous valoir une rançon dodue ! Même mort !
Bouzouk attendait, face contre terre, muscles bandés. Qu'on l'empoigne, qu'on l'empoigne et ils verraient,

ces freux de marais ! Ces allumeurs de feux maléfiques ! Une main lui empoigna les cheveux. Bouzouk la saisit au vol, avec un hurlement terrifiant.
— Pansebastre ! Il est vivant ! glapit-on.
Ça oui, Bouzouk était vivant ! Aussi vivant qu'on pouvait l'être, et fou de rage ! Une chance pour les naufrageurs que ses pieds fussent endoloris, mâchés par le sable mou ! S'il avait pu remuer l'orteil, il aurait rempli ces naufrageurs de fromage fondu !
En attendant, il se servit du nommé Bec-bubon comme d'une boule à quilles, en l'envoyant dinguer sur les trois autres. Puis, se précipitant sur eux, il se mit à leur arracher le poil des oreilles, à leur pincer le gras du bras, à leur flanquer des gifles.
Il aurait dû les gaver de sable avant tout, pour qu'ils se taisent. Car les voilà qui meuglèrent des « À nous ! », et des « Sus au sableux, frères ! » qui auguraient une méchante suite, hélas.
À quelques coudées il se fit un brouhaha, le sol trembla d'un piétinement de troupe. Les quatre naufrageurs n'étaient pas seuls. Loin s'en faut. Brandissant torches enflammées, piques et gourdins, une meute de canailles surgit de la nuit, avec des trognes rouges de kohol et de haine.
Bouzouk se demanda s'il ne valait pas mieux qu'il plonge dans les sables mous pour rejoindre le pauvre

labourrin, tout au fond. Car ce qu'il lisait dans l'œil de ces charognards lui promettait le pire. Il n'en eut pas le temps. La horde déferla sur le jeune homme, le bouscula, l'assomma, le dépouilla de ses vêtements, le garrotta et, enfin, se mit en tête de le pendre.

Sac-à-bougne s'y opposa. En tant que chef des naufrageurs, il avait le droit de vie et de mort sur les proies. Il vint lorgner de son œil unique ce Bouzouk qui s'était permis de le tabasser.

— Il mourra trop vite. Faut qu'il souffrote, les amis. Je veux qu'on l'empapillote dans la braise, qu'il y roustisse doucement.

— Et on le découpera à la cisaille !

— Et on se le bouffaillera !

À l'idée d'un rôti de Bouzouk, les naufrageurs se tapèrent sur les cuisses, poussèrent des hourras. Puis ils se saisirent de l'étranger et grimpèrent sur les hauteurs à toute allure. Il y avait là, à l'entrée d'une grotte, un brasier assez ardent pour griller des brochettes et des brochettes de Bouzouk.

5

ZOUT-PETIT-BRAS tint-il enfin son rôle de protecteur ? Ou fut-ce un caprice du hasard ? Lorsque les naufrageurs arrivèrent dans la grotte pour y rissoler le pauvre Bouzouk, la pluie, rabattue par le vent, avait fini par éteindre le feu. Les forbans furent déconfits. On tint conseil mais impossible de se mettre d'accord. Les uns voulaient l'enterrer dans une fourmilière, les autres le pendre par la langue, ou le gaver d'œufs de frouille.

On décida finalement de demander directement à la victime ce qu'elle en pensait.

— Ton avis, marmousin, siffla Sac-à-bougne.

— On pourrait se battre en duel, toi et moi, risqua Bouzouk.

— Je te parle de torture, bougre de cuculon ! Un duel ! Tu te crois chez les marquisards ? Et pourquoi pas une partie de craque-minette, tant que t'y es !

— On n'a qu'à l'éplucher comme un gongombre ! dit Bec-bubon en brandissant son coupe-tripes.
— J'ai une idée ! hurla Bouzouk. Qu'on m'enduise les pieds de graisse chaude et qu'on amène un blairottin pour m'en langotter la plante ! Je ne connais pas pire supplice. Je mourrai étouffé par mes rires.
Tout le monde se regarda, soudain intéressé. L'idée sembla bonne. On fit fondre de la graisse, on en badigeonna les pieds de Bouzouk, on envoya Bec-bubon chercher un blairottin et, faute de le voir revenir, on dénicha un morbec.
— Un morbec ! s'étrangla Bouzouk. Mais c'est un mange-charogne ! Il va me bouffailler pied, mollet, cuisse et plus encore !
Sac-à-bougne trouva que le prisonnier chipotait et brisa là. On installa Bouzouk sur un rocher plat, on fit cercle autour de lui puis on lâcha la bête.
Heureusement, la graisse chaude eut l'effet escompté. Les pieds de Bouzouk s'étaient alanguis, le sang y circulait de nouveau. Avant que le morbec ne lui croquât les orteils, il en remua un, rien qu'un seul. La meute des naufrageurs ne sut jamais pourquoi ni comment leurs bras se changèrent en ailes, leurs jambes en échasses, leur bouche en bec. Il y eut soudain dans le ciel sombre un vol de corbillons, qui s'égaillèrent en croassant. Quant au morbec, il éclata comme une bulle de savon.

Bouzouk sentit son cœur, son pouls, sa respiration se calmer. Bigredeuil ! La malemort n'était pas passée loin. À un clin d'œil près, il finissait dans le ventre d'un charognard de la pire espèce !
Il défit ses liens, le crâne encore plein d'épouvante. Il songea que la sente était longue, jusqu'à sa mère, et hérissée d'embûches. Il songea qu'il était nu comme un ver, transi de froid, que son labourrin était quelque part au milieu des sables mous. Il songea qu'il était seul, qu'il avait perdu les deux vers de Paulin d'Arang et la carte du royaume d'Aham.
Cela le troubla-t-il au point qu'il ne vît pas s'approcher Bec-bubon, tenant un blairottin par les pattes ? C'est possible. Bec-bubon, un instant éberlué par l'absence de la meute, entrevit là un triomphe possible. Et il asséna un terrible coup de blairottin sur la nuque de Bouzouk, qui s'effondra.
— Sac-à-bougne ! Gros-bigle ! Col-de-rogne ! Cherchez plus ! Je tiens le freluchon !
Puis, comme personne ne répondait, il se prit à douter, cria encore des noms. Quelques corbillons tournoyèrent au-dessus de lui, dont l'un était borgne. Bec-bubon comprit ce qui s'était passé. Un mage ! Le freluchon était un sale mage remueur d'orteil !
Il s'empressa d'entourer les deux pieds du jeune homme de glaise fraîche, pour l'empêcher de remuer

quoi que ce fût. Puis il le saucissonna, le roua de coups et le balança dans un ravin en hurlant:
— Que les abîmes de Ggrok te croquinent, bousard!
Puis il se mit en tête de rôtir le blairottin, car il avait grand-faim.

Le corps de Bouzouk dégringola dans le précipice, sans sourciller, selon les lois immuables de la pesanteur. Sa chute fut heureusement amortie par d'épaisses fourmilles, peut-être semées là par Zout-le-niais. La mousse tapissant le sol atténua elle aussi le terrible choc. S'il était malgré tout très mal en point, Bouzouk ne mourut pas tout à fait. Il tomba dans un coma profond, fait de brumes sombres, de cendres.
La nuit passa. Vint l'aube du troisième jour.

C'est alors qu'une colonne de moniales faisant leur promenade matinale découvrit son corps inerte et nu. Elles poussèrent d'abord des glapissements horrifiés puis s'approchèrent, pleines de curiosité et de compassion.

Comme Bouzouk était couvert de sang et qu'il ne bougeait pas, elles conclurent qu'il était mort. Sœur Fossette et sœur Bout-d'ange ôtèrent leur capille et en voilèrent le cadavre. Il fut décidé qu'elles reviendraient avec sœur Pimpole, qui était forte comme trois popes, pour qu'on enterre le pauvre jeune homme. La colonne se reforma, pépiant comme une volée d'hirondelles excitées, et disparut vers le cloître d'Orfroi. Les trois sœurs tinrent parole. Vers le soir, une charrette tirée par un âne les ramena dans le ravin. Sœur Pimpole, paupières closes pour ne pas regarder le corps, en fit la toilette complète. Elle peigna les cheveux bouclés, débarrassa les pieds de leurs souliers de glaise. Enfin elle enroula Bouzouk dans un suaire et le déposa dans un cercueil en pin, apporté pour l'occasion.

— Quelle pitié ! dit sœur Fossette.

Sœur Bout-d'ange hocha la tête, les mains jointes. Avait-on le droit de mourir lorsqu'on était beau comme ça ?

— Il dort maintenant parmi les fils de Gozar.

Sœur Pimpole cloua le couvercle du cercueil.

Toutes les trois murmurèrent une courte prière puis elles firent demi-tour. Il y avait derrière le cimetière de la communauté un lopin de terre où l'on enterrait les moribonds échoués au cloître.

La fosse était déjà prête. Sœur Pimpole fit glisser la bière doucement au fond du trou. Quelques coups de piochon pour la recouvrir d'humus. Une courte oraison:
— Que son âme s'envole chez les ombres molles.

6

LES DEUX POUFS attendirent qu'un nuage noir avale le soleil pour s'extirper des buissons où ils étaient tapis. Le coin était désert, mais ils avaient appris à se méfier de leur ombre. En horde, ils pouvaient être dangereux. Mais vu leur petitesse, une paire de Poufs ne valait pas tripette.

— On y va ! murmura Goulin, le plus téméraire.

L'autre suivit à contrecœur. On ne l'appelait pas Pétochon pour rien.

Ils trottinèrent jusqu'au coin de terre remué, heureusement à l'abri d'un muret de pierres. Pétochon fit le guet tandis que Goulin creusait le sol à coups de houe. Le fer cogna bientôt sur du bois.

— On le tient ! haleta le Pouf, et il poursuivit de plus belle.

Quand le cercueil fut dégagé, Goulin s'assit au bord de la fosse, le souffle court, épuisé. Par Ddrôg, le métier de trousse-cadavre demandait son pesant de sueur ! Parfois, ce qu'on trouvait dans la bière ne valait même pas le travail fourni. Mais depuis que Roupillon, le chef des Poufs, les avait bannis de la horde, il fallait bien qu'ils survivent.

— À toi ! murmura-t-il. Ôte les clous du couvercle, qu'on en finisse...

L'autre s'installa sur le couvercle, en soupirant, avec un mange-clou. Goulin entendit le bruit des clous qui sortaient de leur logement, l'un après l'autre.

— Re-regarde, Goulin... bredouilla Pétochon.

Le soleil réapparut à ce moment-là, inondant la fosse d'une lumière dorée. Avisant le couvercle presque décloué, Goulin ricana.

— Bien, bien. Tu sais te servir d'un mange-clou.

Pétochon ne répondit pas. Il se contenta de montrer d'un index tremblotant le dernier clou, qui coulissait tout seul. Tout seul ! Puis le couvercle se souleva lentement, avec un grincement épouvantable. Sous les yeux terrorisés des deux Poufs, quatre doigts livides surgirent par l'entrebâillement.

C'en fut trop pour les deux Poufs qui tournèrent de l'œil. Ils dégringolèrent, *bam*, *bom*, sur la planche de pin, la faisant retomber sur les quatre doigts.

— Par les mille-molettes-de-Gozar ! fulmina une voix caverneuse. Va-t-on cesser de m'estourbir, à la fin ?

Le couvercle grimpa d'un coup à trois bonnes coudées au-dessus du cercueil, flanqué de ses deux Poufs évanouis, et fusa dans le ciel, zigzaguant comme un tapis volant. *Vvvuuuffff*, disparut à l'horizon.

Bouzouk avait retrouvé largement l'usage de ses orteils. Lorsqu'il se redressa sur les fesses, la tête lui tournoya. Bigreroulis ! Il avait mal partout. Ses côtes, son dos, ses jambes, ses bras, partout ! Il lui revint qu'on lui avait beaucoup, beaucoup tapé dessus ces derniers temps. Le dernier coup dont il se souvenait lui était arrivé par-derrière. Après, plus rien. Un grand trou sombre. Comme celui au fond duquel il se trouvait à présent. Où il aurait dû rester de toute éternité.

C'étaient les coups frappés au-dessus de lui qui l'avaient tiré du néant. Une seconde de panique puis, en un éclair, la révélation : on l'avait mis dans une boîte et quelqu'un tentait de l'en sortir. Ami, sans doute. Il avait remué l'orteil, juste pour l'aider. Le reste n'était qu'un geste de mauvaise humeur.

Il se leva tout à fait, scruta les lieux. Une tombe, par Zout ! Ainsi on l'avait cru mort, enterré. Déterré, aussi. Mais qui, mais pourquoi ? Il eut un petit rire. Aujourd'hui, c'était tout bonnement sa sixième naissance. Pour un enfant sans mère, c'était un beau score.

Il émergea lentement de la fosse, enveloppé dans le suaire blanchâtre. Au-delà du petit muret de pierres sèches, il découvrit un paysage de pierres grises, d'ardoises bleutées, d'herbes folles. Un cimetière. Plus loin, un énorme bâtiment couleur de craie, aux grands murs coiffés de dômes, de clochetons. Le cloître d'Orfroi. Tout semblait si tranquille, étrangement immobile. L'endroit baignait dans la lumière orange d'un soleil en train de disparaître.

Bouzouk se sentit apaisé. Il s'assit sur le muret et ferma les paupières. C'était comme s'il était arrivé là où il voulait.

Une ombre surgit dans le champ de tombes, là-bas. Une petite ombre noire, qui semblait glisser sur le sol, profond capuchon, longue capille jusqu'au sol. Bouzouk se laissa tomber du mur et, escamoté par les troncs des grands pins, la suivit pas à pas. Une femme, à en juger par sa démarche légère.

Elle allait vite et droit, sans se retourner, sans musarder. Enfin elle s'arrêta, et ce fut devant une tombe très simple. Une pierre plate posée sur la terre, et surmontée de deux arbustes fleuris, dont les branches semblaient s'enlacer. Face à la tombe, il y avait un petit banc de bois, où elle s'assit.

Bouzouk était tout proche. Il la voyait de dos. Elle ne bougeait pas.
Tout à coup monta une mélodie surprenante, égrenée lentement sur des cordes. Bouzouk frissonna. Cette musique, qu'il ne connaissait pas, lui caressait l'âme. Il s'approcha encore, longeant des buissons noirs, contourna la femme pour apercevoir son visage.
Elle eut un mouvement de la tête qui fit glisser son capuchon et il la vit. Il la trouva belle, malgré une coiffe de bure qui encadrait strictement sa figure et entourait son crâne. Sur ses genoux était posé un gluth qu'elle pinçait de ses longs doigts.
Bouzouk vit qu'elle souriait en chantant, mais que ce sourire était gravé dans la tristesse. Elle se tut et laissa aller la tête sur sa poitrine pendant un long moment. Bouzouk n'osait plus respirer, de peur de briser quelque chose.
Un carillon tinta au loin, qui la fit sursauter. Elle rajusta son capuchon, salua la tombe d'un baiser furtif de la main et s'en alla en direction du cloître.
Alors Bouzouk marcha vers la tombe. Avec une pensée qui cognait dans sa tête. Pire que dix carillons. Lui revenait la phrase de Pilpil :
Il a trouvé refuge sous un toit de pierre, dans un hameau où rien ne bouge...
Ça devenait si lumineux soudain.

L'inscription sur la pierre disait simplement : P. d'A.
Bouzouk dut s'asseoir à son tour sur le banc de bois, car le cerveau lui branqueballait de gauche et de droite.
Deux syllabes s'y balançaient.
Ma-man.
La femme à la capille noire.
Ma-man.

7

MAINTENANT, le cloître d'Orfroi, le cimetière, Bouzouk sur son banc de bois, la tombe de Paulin d'Arang et ses deux arbustes mêlés, tout baignait dans la pénombre et le silence.

Bouzouk pleurait doucement, sans bruit. Si troublé par l'image de cette femme à la capille noire qu'il avait vue aller et venir dans ce champ des morts. Cette femme jouant de la vielle pour son amant allongé sous la pierre. Sa mère. Dame Vertugandine. Il la verrait, il lui parlerait. Elle savait tous ses secrets d'enfance, de jouvenceau, de jeune homme, peut-être.

— Bouzouk ! C'est toi, frouard ?

Une main s'abattit sur sa nuque, le souleva, le fit pivoter comme un pantin. Bouffe-bœuf ! Les joues gonflées de sourires. Et derrière lui, Bel-essaim, radieuse, Mille-mots et Ganachon, qui frotta tendrement ses naseaux sur l'épaule du jeune homme.

— Cavalier, tu nous as fait souci.

— J'ai trouvé ma mère, dit sobrement Bouzouk.

Bouffe-bœuf faillit pousser un cri de triomphe, que Mille-mots lui fit ravaler d'un « Pas ici, pense-peu ! » Bel-essaim se pendit au cou de Bouzouk, langoureuse. Le mignard avait l'air si girond dans son suaire de lin...

— Comment m'avez-vous...

— Facile, mon mignard ! gloussa-t-elle. Quand on a biglé un couvercle de cercueil volplaner dans le ciel, avec deux Poufs dessus, on s'est dit qu'il y avait un Petit Gourougou dans les parages. J'ai pas raison ?

Ils rirent, heureux d'être ensemble. Mille-mots posa la question qui leur brûlait les lèvres à tous.

— Alors, ta mère ? Raconte !

Ils se turent tous, faisant cercle autour de Bouzouk, un peu pâle, qui leur décrivit ce qu'il avait vu, c'est-à-dire presque rien.

— Et tu l'as laissée fusoir, sans lui gambetter après, ni la choper, ni crier son nom, rien ? s'étrangla Bouffe-bœuf.

Bouzouk montra sa gorge.

— J'avais une enclume, là... Et puis il faut que je trouve des mots de fils, pour lui parler. Je n'ai pas coutume.

— Il te faut des mots ronds, dit le scribrouillon, des mots chauds, plein de caresses. Je te les soufflerai, le moment venu.

— Laisse, ça viendra tout seul, soupira Bel-essaim.

La pénombre commençait à s'épaissir. Autour d'eux, un léger brouillard s'était mis à monter du sol, noyant les tombes et les arbres. Comme chaque soir, le cimetière redevenait un lieu étranger aux vivants.

— Allons au cloître, dit Bouzouk. Vous m'attendrez dehors.

Le ton ne souffrait aucune remarque. Bouzouk se devait d'affronter sa mère seul et tout le monde le comprit. Il prit la tête du groupe et traversa lentement les tombes, le front haut, sans laisser voir à quiconque que son cœur sonnait fort.

Le cloître d'Orfroi était une énorme masse blanche aux angles vifs, et ses larges toits d'ardoise le faisaient paraître plus imposant encore. Une forteresse de craie que devait envier plus d'un capitaine. L'allure d'une prison, aussi, avec des ouvertures étroites, bardées de barreaux, une porte d'entrée en ferraille hérissée de clous. Et un silence de plomb.

Bouzouk agita une petite cloche qui tinta d'une voix aigrelette. Il se passa un long moment puis un volet de fer s'entrouvrit à demi, un œil soupçonneux fixa le jeune homme. Œil qui s'agrandit de terreur en découvrant le reste de la troupe, derrière lui. Le volet claqua comme gifle.

— Je suis Martial de Morte-paye ! Je veux voir ma mère ! hurla Bouzouk.

Mais sa phrase s'écrasa sur le ventail fermé. Le silence revint, plus lourd encore.

— Par Kabok-la-divine ! C'est mieux gardé que les prisons du Kron, pesta Mille-mots.

Bouzouk agita de nouveau la cloche, en vain. Le cloître d'Orfroi n'ouvrirait pas ses portes à une troupe d'hurluberlus pareils. Il fallait ruser. Ou user de magie. Les avis fourmillaient. Et si Bouzouk faisait fondre la porte ? S'il passait à travers les murs ? S'il se mettait à voler ? À serpenter sous terre ? À tomber en pluie ?

— Paix, la meute ! trancha Bouzouk. Laissez-moi cogiter.
Il en avait assez de jouer au Petit Gourougou. Bigredoche, en cette circonstance, il voulait faire l'humain, rien que l'humain !
On le laissa donc cogiter.
— Je vais ressusciter, dit-il.
De toute évidence, c'étaient des gens d'ici qui l'avaient enterré près du cimetière. Des moniales. Qu'il leur réapparaisse soudain et elles tomberont à genoux ! Le sanctifieront ! L'idôlatreront ! Et le cloître lui sera ouvert à jamais.
— Bonne idée, opina Mille-mots, qui avait été autrefois jardinier dans un couvent. Si je me souviens bien, ces dames font deux promenades. Une à l'aube, l'autre au crépuscule. Ça ne devrait pas tarder.
Ils s'égaillèrent dans la nature. Étant convenu que seul Bouzouk agissait, les autres regardant.
Le scribrouillon avait raison. Il y eut d'abord le grincement du volet, avec l'œil qui scrutait les alentours. Puis l'un des ventaux s'ouvrit et la colonne de moniales défila, robe de bure noire, cornette et sandales noires. On eût dit une nuée de corbillons volant à la queue leu leu. Cela fit frissonner Bel-essaim, qui n'eût pas aimé cacher ses aimables rondeurs sous un tel équipement.

Bouzouk se tenait prêt à bondir, blotti au milieu des fourmilles.

La colonne trottinait, mains jointes, pas cadencé. Elle arrivait presque à sa hauteur. Le jeune homme avança sur le chemin en titubant, les bras écartés, levant son visage vers le ciel.

Il se trouva que sœur Pimpole marchait en tête. Lorsqu'elle vit se matérialiser devant elle le corps qu'elle venait d'enterrer depuis si peu, elle se mit à galoper dans l'herbe en hurlant :

— Gozar l'a permis ! Il a renvoyé un mort de chez les ombres molles ! Mes sœurs, nous sommes élues !

Bouzouk continuait de zigzaguer, souriant d'un air extasié.

Sœur Fossette et sœur Bout-d'ange reconnurent elles aussi le mort et se mirent de la partie, pleurant, gémissant, bénissant le ciel. Surtout sœur Bout-d'ange, qui trouvait Bouzouk beau à croquiner.

En quelques secondes les moniales furent toutes à genoux et se mirent à chanter les louanges de Gozar.

Puis Bouzouk trébucha, s'effondra sur la mousse. Cinquante moniales l'entourèrent, l'éventèrent qui de sa cornette, qui d'un pan de sa robe, épongèrent son front. Elles se disputèrent l'honneur de le transporter, caquetant comme poulettes, tirant un bras, une jambe.

Sœur Pimpole les chassa d'un revers de main et, avec un « han ! » de glébeux soulevant un baquet, elle flanqua le ressuscité sur son épaule.

Bouzouk avait désormais ses entrées au cloître d'Orfroi.

8

La présence d'un homme, fût-il un envoyé de Gozar, le dieu des dieux, causa un certain affolement dans la petite communauté des moniales. C'était la première fois qu'un tel phénomène se produisait. Beaucoup de religieuses n'avaient même jamais vu un homme de leur vie, et cela les intéressa énormément. Tant même que les autorités du cloître les bouclèrent dans leur cellule respective. Le temps qu'il faudrait, affirma mère Giron, la supérieure du cloître. Car le comportement de certaines sœurs lui causait bien du souci. Singulièrement sœur Bout-d'ange, qui n'avait lâché la main du revenant qu'à regret. Encore avait-il fallu la menacer de cachot, pain sec et coups de règle sur les doigts.

On installa Bouzouk dans une petite chapelle désaffectée, afin qu'il se reposât de l'immense voyage qu'il venait d'accomplir, on le vêtit d'une chemise et de

chausses ayant appartenu à un moribond, on lui donna à boire. Puis, *clic-clac*, on l'enferma.
Le jeune homme déchantait. Lui qui croyait pouvoir rencontrer sa mère en deux coups de cuillère à pot, voilà qu'il se trouvait isolé, avec pour seule compagnie celle d'une statue de Gozar. Histoire sans doute de lui rappeler d'où il venait et où il retournerait un jour. De temps en temps, *clic-clac*, sœur Pimpole venait s'assurer que tout allait bien et, *clic-clac*, elle refermait la petite porte à clé.
Sans un seul mot car personne ne lui avait appris à parler aux hommes.
Ça n'allait pas du tout, du tout, du tout.
Il se passa une longue nuit sans que Bouzouk entrevît la moindre solution. Bondir sur sœur Pimpole et l'assommer d'un coup de poing n'était pas une bonne idée. Ni hurler qu'il avait mal au ventre pour qu'elle le conduise à l'infirmerie. Ni la supplier. Ni rien de ce genre. Ça ne marcherait pas, sœur Pimpole était du genre inébranlable et pesait plus de trois cents livres.
Justement, *clic-clac*, elle entrait, portant un plateau où fumait un bol. Elle venait jusqu'au lit, se penchait sur lui.
Alors il lui dit toute la vérité. Simplement, comme un fils qui cherche sa mère. D'abord effrayée par cet homme qui s'adressait à elle, mais avec des mots doux

et sincères, elle finit par s'asseoir sur un tabouret, à côté du lit, et l'écouta. Son histoire était triste et belle.
— Cette dame dont tu parles s'appelle sœur Silence. Personne ne l'a jamais approchée. Elle vit dans une petite cellule, près de la chapelle. Je peux te montrer sa croisée, qui surplombe le puits.
Bouzouk était déjà debout, le cœur pilon. Il prit la main de sœur Pimpole et l'embrassa. La moniale sursauta, retira précipitamment ses cinq doigts, qu'elle se mit à masser rêveusement.
— Suis-moi, revenant. Si elle est ta mère, tu as le droit de la voir. Seulement la voir, car personne ne doit lui parler.
Clic, cette fois la porte laissa passer Bouzouk suivant sœur Pimpole. Ils longèrent un long promenoir aux colonnes de pierres sculptées, traversèrent un jardin odorant. Sœur Pimpole lui montra le puits et, juste au-dessus, la croisée, qui semblait ouverte.
— Tu auras peut-être la chance de la voir. Parfois, à l'aube, elle regarde le soleil se lever. Avec un visage chagrin et gris. Comme le tien lorsque je t'ai ramassé mort dans le ravin.
Puis elle s'en alla, toujours massant la main que le jeune homme avait baisée. Bouzouk se posta près du puits, fixa la croisée vide et sombre. Bigremou ! Attendre ! Encore attendre ! C'était insupportable.

Le mur était fait de grosses pierres disjointes. Il l'escalada facilement, jusqu'à s'élever à hauteur de la croisée, où il avança la tête.
Elle était là. Assise en tailleur, les yeux fixés sur ses doigts qui égrenaient un chapelet. Vêtue d'une robe informe, couleur de terre. Elle n'avait pas sa coiffe de bure. Les cheveux étaient courts, encore noirs malgré quelques mèches grises.

À part une natte posée à même le sol, la cellule était vide.
Bouzouk se hissa sur le rebord de la croisée et elle le vit. Tout de suite il fit un geste d'apaisement, mais elle n'avait pas bougé, pas même cillé. Tout de suite il dit, d'une voix nouée :

— Je m'appelle Martial.

Un sourire lui répondit, deux yeux ronds, étonnés, interrogatifs. Elle remua les lèvres mais aucun son ne sortit.

— Je suis ton fils, n'est-ce pas ?

Bouzouk n'eut pas besoin de montrer son rubiole. Il sut qu'elle le reconnaissait, à ses mains qui tremblaient, à ses narines palpitantes. Il sauta dans la cellule, doucement, pour ne rien brusquer.

Mais elle ne se leva pas, ne courut pas vers lui, ne le serra pas dans ses bras. Pire, elle ne disait rien. Simplement elle le regardait.

— Maman... commença Bouzouk.

Puis, hagard, les poumons sur le point d'exploser, il se tourna vers le ciel rosissant, où le soleil commençait à poindre. Il ferma les paupières, ses poings serrés rageusement sur le rebord de la croisée. Pourquoi ne disait-elle rien ? Pourquoi ne pleurait-elle pas ?

Il sentit soudain deux bras l'entourer, deux mains se poser sur sa poitrine, et un corps s'appuyer contre lui. Il sentit une tête se nicher sur son dos. Alors il se retourna, l'enlaça, et le bonheur le remplit comme s'il coulait en lui. Cette femme était sa mère, il le savait, il le sentait par tous les pores de sa peau, même s'il ne la reconnaissait pas.

— Maman... balbutia-t-il. C'est toi, bien vrai ?

Elle le regardait, lui caressait les joues, les tempes, jouait avec les boucles rousses de ses cheveux, pleurait enfin, avec un sourire qui plissait son nez.
Il lui dit qu'il la cherchait depuis longtemps, et comment il l'avait retrouvée. Il lui raconta tout ce qu'il savait de sa propre vie, de la sienne et de celle de son père, de Paulin d'Arang. Il évoqua sa quête insensée et, enfin, il lui confia ce qu'il espérait d'elle.
— Parle-moi des années passées ensemble. Redonne-moi mon enfance, mes souvenirs de jouvenceau, mère. Je t'en supplie.
Les yeux de Dame Vertugandine lui disaient plein de choses, et ses mains aussi, qui trituraient les siennes. Mais la bouche, elle, était celle de sœur Silence.

9

TOUS DEUX, muets, serrés l'un contre l'autre, virent se lever le soleil. Bouzouk avait admis que sa mère ne parlât point, mais il l'attribua au choc des retrouvailles. Il attendrait que la parole lui revînt, dût-il patienter dix lunes !

Jusqu'au moment où, lui prenant le visage dans ses mains maigres, Dame Vertugandine bougea ses lèvres lentement, sans articuler un mot. Bouzouk y lut cinq mots. Une phrase assassine, qui lui ôta tout espoir.

Les lèvres disaient : « J'ai fait vœu de silence. »

Silence. Sœur Silence. Sa mère s'était donc tue à jamais. En une seconde tout s'effondrait une nouvelle fois. Il ne saurait rien de sa vie de jouvenceau. Sa mémoire d'enfance était décidément perdue.

Des arpèges sonnèrent dans la cellule. Dame Vertugandine avait pris son gluth et parlait à son fils, avec les seuls mots qu'elle s'était donné le droit de prononcer, les notes.

C'est ainsi que les trouva mère Giron, que sœur Pimpole avait fini par prévenir. Bouzouk accroupi contre le mur de pierres et sœur Silence, caressant inlassablement son gluth. Elle ne demanda aucune explication. Ce qu'il y avait entre cette femme et ce jeune homme était visible à l'œil nu. Elle entraîna Bouzouk hors de la cellule, en lui promettant qu'il y reviendrait quand il voudrait.

Ils firent quelques pas dans le jardin, au milieu de taillis parfumés, de lysses, d'organdives. Aux questions de Bouzouk, la Supérieure répondit sans détour.

Sa mère était au cloître depuis plus de dix années. Knut-le-retors, alors roi d'Aham, l'avait ordonné, après la guerre qu'il avait dû mener contre Morte-paye, venu réclamer sa femme. Guerre longue, coûteuse en vies. Certes Morte-paye avait été défait, mais Knut-le-retors ne pardonna pas à son cousin Paulin d'Arang. Une histoire d'amour ne valait pas sang d'homme, d'après lui. Il fit exécuter le trouvamour par son bourreau, sous les yeux mêmes de sa maîtresse, et condamna celle-ci à prendre le voile à Orfroi. Sans une once de pitié.

Il accepta toutefois que Paulin d'Arang fût enterré dans le petit cimetière du cloître. Mais on brûla l'œuvre entière du trouvamour, on interdit l'évocation de son nom, on détruisit tout ce qui lui appartenait.

Dame Vertugandine ne réussit qu'à sauvegarder son gluth.
Les premières semaines de son enfermement au cloître furent terribles. Cadenassée dans une cellule, elle hurlait des vers de Paulin d'Arang, s'arrachant les doigts sur le gluth, criait son nom sans fin. Le jour, la nuit. Elle déversait des torrents d'injures sur Knut-le-retors, sur son mari, les maudissait sans relâche. Sa bouche était l'unique seuil de sa douleur, et ses gémissements s'entendaient loin à la ronde.
Puis une nuit, elle se tut. Peut-être n'avait-elle plus de mots, plus de voix, plus de plaintes. Peut-être était-elle allée au-delà de ses souffrances. Elle convoqua mère Giron et lui signifia qu'on ne l'entendrait plus jamais. Elle fit vœu de silence éternel. Quoi qu'il advînt désormais.
Pour tous, elle devint sœur Silence.
À partir de ce moment-là, elle eut droit de circuler dans le cloître, à condition que personne ne la croise ni ne lui parle, comme l'avait ordonné le roi. Chaque soir elle se rendait sur la tombe de son amant, avec son gluth. Le reste du temps, elle priait.
Quand la Supérieure se tut, Bouzouk tenta de garder bonne figure. Pourtant, comme sa mère, il avait envie de hurler, de vomir le nom de Knut-le-retors, de son bourreau, de tous ceux qui avaient fait son malheur.

Mais il préféra garder au fond de lui son chagrin et sa rage. Pour s'en resservir un jour, qui sait, comme d'une arme vive.
Il retourna dire adieu à sa mère. Elle l'accueillit d'un sourire lumineux qui lui chauffa le cœur.
— Je m'en vais, dit-il.
Il n'osait dire « Je reviendrai », mais elle le savait. Sinon, l'aurait-elle laissé partir ? Elle se leva, lui prit la main, l'entraîna à la croisée. C'est un grand boubab qu'elle montra, d'un geste énigmatique. Un boubab au feuillage vert comme prairie au printemps. Puis se tournant vers lui, elle bougea ses lèvres. Il lut : « Venge-moi. »
Les yeux de Bouzouk s'assombrirent. La venger, mais de qui ? Knut-le-retors avait rejoint depuis longtemps l'empire des ombres molles. Il promit, néanmoins. À son tour, il prit le visage de sa mère entre ses deux paumes, plongea ses yeux dans les siens et dit :
— Mon père prétend que tu m'as abandonné. Est-ce vrai ?
Elle tressaillit, comme si une pique s'était enfoncée dans son dos. Ferma les paupières, d'où jaillit une larme, qu'elle écrasa avec son poing. Puis approchant son beau visage fané de celui de Bouzouk, elle articula silencieusement un mot, avec toute la force dont elle se sentit capable. « Jamais. »

Il la crut. Bien sûr, il la crut. Ce mot n'expliquait rien, mais scellait entre eux une certitude, celle de l'amour de Dame Vertugandine pour son fils. Bouzouk sut que sa mère disait la vérité. Il ressentit un énorme, un gigantesque soulagement. Quelque chose comme mille sacs de blute en moins sur ses épaules.

Il se sentit soudain léger, et presque heureux. Il enlaça sa mère, déposa un long baiser sur le front bombé. Avant de quitter la cellule, il parla de ce presque-père qu'il s'était choisi, Paulin d'Arang, et cela fit naître des étoiles dans les yeux de sœur Silence. Pendant un instant elle eut à nouveau dans la bouche le goût du bonheur.

Bouzouk la laissa seule. Il n'avait pas fait dix pas que le son du gluth lui parvint. Une musique vive, gaie, presque joyeuse.

Comme le brouhaha qui l'accueillit, lorsqu'il déboucha dans le jardin, pour en respirer une dernière fois le parfum. Tout autour, sous les voûtes du promenoir, les moniales s'étaient rangées côte à côte, et le contemplaient avec un regard plein de gourmandise. Sœur Bout-d'ange n'était pas la dernière à sourire. Lorsque Bouzouk passa à sa hauteur, elle lui envoya un baiser avec la main (que Gozar lui pardonne !).

Mère Giron embrassa Bouzouk au nom de toutes, et sœur Pimpole ajouta qu'il était désormais ici chez lui. Il sortit du cloître sous les acclamations enthousiastes, les moniales lançant leur cornette en l'air et entonnant d'émouvants chants d'adieux.

Bigretrompe ! Le fantôme de Bouzouk hanterait sans doute longtemps le jardin du cloître d'Orfroi et les rêves de certaines moniales.

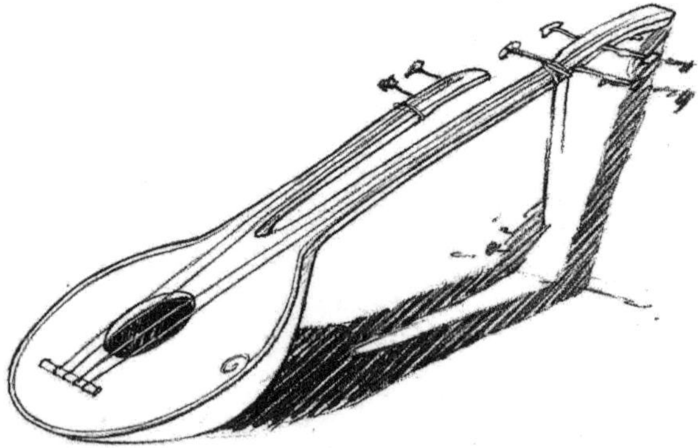

Troisième partie

Crasse-pogne

1

BOUZOUK retrouva ses compagnons vautrés dans un champ de picons, sur une petite colline dominant le cloître. Ils y avaient passé la nuit, scrutant l'obscurité, attentifs au moindre bruit, nerveux, inquiets. Leurs visages étaient grisâtres, leurs yeux rougis. Au bruit que fit le jeune homme, ils se levèrent comme un seul homme et lui firent fête. En particulier Bel-essaim, qui avait vu d'un sale œil son mignard chéri entrer dans un couvent garni de moniales.
Bouzouk narra son histoire, et comment la piste de sa mémoire venait de s'arrêter net, avec le terrible vœu de sœur Silence.
— Retrouver sa mère, c'est déjà renaître, philosopha Mille-mots.
Bouffe-bœuf lui flanqua de grosses tapes dans le dos, Ganachon entonna une chanson à boire, Bel-essaim dansa. Bref, on le consola à foison et Bouzouk songea

qu'il avait des amis précieux comme zol. Trois labourrins paissaient non loin, dans un pré. Ganachon s'était depuis longtemps débarrassé du sien, vu sa tendance à dégringoler tous les dix pas. Il offrit son dos à Bouzouk, qui ne se fit pas prier.

Les cinq compagnons se mirent en route vers le sud, et, pour Bouzouk, cela ressemblait fort à un retour sans gloire. Entre un presque-père à six pieds sous terre, un père à la parole haineuse et une mère muette, son passé s'effilochait sans cesse. Quant à Crassepogne, le géant à barbe verte, il s'était évanoui dans le vent de la plaine.

En chemin, ils avisèrent une gargote graisseuse à souhait, remplie de fumée et qui empestait la souparde. Quelques chopilles de kohol leur feraient du bien à tous, affirma Mille-mots, qui pensait surtout à sa langue sèche depuis si longtemps. Il lui tardait de l'humecter d'abondance.

Il régnait dans la salle sombre un infernal tohu-bohu que rien ni personne n'aurait pu déranger, même pas un cheval de dix coudées s'asseyant à une table. Le gargotier prit la commande et les chopilles de kohol commencèrent à valser comme poupillons autour des cinq amis. Les langues, arrosées plus que de raison, se délièrent. Chacun raconta ses aventures d'avant l'épisode d'Orfroi.

Outre ses déboires avec le labourrin, Ganachon avait collectionné les fausses pistes, s'égarant par-ci ou par-là, suivant les mauvais conseils d'ermites persifleurs ou de magiciens farceurs, dont les forêts regorgent au pays d'Aham.

Mille-mots, lui, avait rencontré une liseuse de main, qui, contre une poignée de broufs, l'envoya au fin fond de l'ouest le plus lointain qui soit, dans le petit village d'Uzthxkx. Là où, selon elle, avait lieu à chaque nouvelle lune le banquet des trouvamours. Le seul trouvamour qu'il y trouva répondait au sobriquet de Lorgne-cul, était ivre-mort et ne parlait que le cacatois.

Bel-essaim et Bouffe-bœuf se répandirent en histoires insignifiantes, dont une bataille contre un Pouf atteint de la rage ou une pluie de grêlons gros comme des œufs de skonjs.

À son tour, Bouzouk ouvrit la bouche pour régaler ses amis avec ses aventures, lorsque son œil rencontra un visage familier, à moitié mangé par la pénombre du lieu. Où avait-il déjà vu ce nez monstrueux, en forme de poire blette, luisant comme une larve molle ? Il tendit l'oreille, reconnut cette fois la voix nasillarde. Par Zout-le-glabre ! La coïncidence était de taille ! Que faisait ici cette canaille de Tarin ? Celui-là même qui s'était enfourné quelques pages de son premier grimoire ! Le petit zolier des faubourgs de Zoleil !*
Bouzouk se leva et alla droit vers lui. L'autre le remit tout de suite et son premier réflexe fut de se protéger la face de ses deux coudes relevés.
— Ne me frappe pas, seigneur ! brailla-t-il.
Bouzouk s'assit à côté du zolier, tandis que dix figures avinées se tournaient vers eux.
— La bruine noirâtre de la mine ne t'a donc pas brûlé la poitrine, mouflard ? Ou t'es-tu enfui avant que le zol ne te tue ?
Tarin baissa les coudes, surpris de ne pas recevoir de gifles. Il dévisagea Bouzouk avec terreur, puis lâcha en bredouillant :
— Je voulais voir un peu de pays avant de mourir, seigneur.

* Voir tome I, *Les mange-mémoire*.

Et voyant l'air incrédule de Bouzouk, il ajouta précipitamment :

— Ggrok m'enfourrache si je mens !

Naturellement il mentait, et sa bouche torve, son regard fuyant, son menton chafouin, tout disait qu'il mentait. Sans parler de ses compagnons de tablée qui avaient tous plongé leur nez dans leur chopille de kohol. Bouzouk flaira du louche, et du gros. Qu'avaient-ils donc à cacher, ces faces de cauchemar ? Bouffe-bœuf et les autres s'étaient rapprochés et formaient cercle autour d'eux. La tension monta d'un cran, mais Bouzouk préféra éviter l'affrontement. Il y avait mieux à faire qu'une échauffourre. Il commanda force kohol et en rassasia la tablée tout entière. Y compris les deux Gogols et Mille-mots, ravis de l'aubaine. Ganachon, lui, était plus sobre qu'un chameau.

Ils burent au royaume d'Aham, à Ggrok, à Knut-le-fourbe. Ils burent à la santé de Ddrôg, Rrôdar, et à tous les broins infernaux qu'ils connaissaient. Ils burent tant et tant qu'à la fin la plupart étaient affalés sur la table, le ventre gonflé, la tête sonnante. Tarin, qui avait des beuveries une certaine expériencc, résista un peu plus que les autres. Puis il finit par brailler qu'il aimait Bouzouk comme un frère, et lui raconta un secret plus lourd que le plomb. Celui qui l'avait amené au royaume d'Aham.

— On a besoin de nous, ici, mon garçon. Nous, les chercheurs de zol, les gratte-petit, les bouffailleurs de fumée ! On nous aime ! On nous veut !
Tarin hurla qu'on lui remplisse sa chopille et poursuivit d'une voix pâteuse et rauque, que Bouzouk avait du mal à comprendre. Le zolier parla d'une mine de picaille, au plus profond des roches. Une mine exploitée depuis si longtemps que le sous-sol était devenu aussi friable qu'une croûte de pain. On avait besoin de spécialistes pour la consolider, et on était venu les chercher à Zoleil. Lui, Tarin, freux parmi les freux de zoliers, était de ceux-là. Voui, seigneur !
Bouzouk en resta coi. La picaille ! Le métal le plus précieux qui soit. Celui qui faisait rêver les rois et les voleurs, les soldards et les glébeux. La picaille et son cortège de légendes ! La picaille qu'on croyait réservée à Gozar, là-haut, dans son palais divin. Bigreflouze ! Voilà pourquoi le château de Knut-le-fourbe croulait sous un luxe effréné ! Voilà pourquoi le Kron tentait d'envahir la terre d'Aham avec ses capitaines, les Morte-paye et compagnie ! Si les richesses l'avaient intéressé, Bouzouk aurait pu trouver pâture dans cette surprenante révélation ! Mais que lui importait la picaille ? Il avait d'autres desseins.

Tarin bafouilla encore quelques mots, avant de s'écrouler face contre table en grognant :

— Crasse-pogne nous paiera de bonne picaille, il l'a dit !

Le nom tinta comme cloches aux oreilles de Bouzouk. Le géant à barbe verte surgissait du néant au bon moment.

2

ALORS QUE LA GARGOTE résonnait du ronflement des soulards, Bouzouk installa sur le dos de Ganachon les corps inertes de Tarin, Mille-mots et des Gogols. Personne n'avait résisté au kohol.

Il chercha un champ bien herbu, bien moussu, et y coucha ses trois compagnons. Un ruisseau glougloutait non loin, sous d'épais groulèbes. Bouzouk y plongea plusieurs fois Tarin, l'eau glacée étant salutaire pour la maladie qu'il avait. Le zolier toussa, cracha, s'ébroua, s'éveilla enfin. Il se palpa le crâne, où devaient tambouriner mille grelots, grimaça atrocement. Ses yeux ressemblaient à une paire d'huîtres cuites.

— Un jour, tu te réveilleras chez les ombres molles, à force de te truffer le gosier, pisse-menu ! ricana Bouzouk.

Tarin promena un regard éberlué autour de lui, sans comprendre ce qui lui arrivait. Bouzouk le mit au courant, ce qui provoqua chez l'autre des glapissements aigus, de ceux qu'on pousse quand on a fait une grosse, une très grosse bêtise.

— Quand j'ai sifflé du kohol, je bavotte n'importe quoi, balbutia Tarin, sans convaincre Bouzouk le moins du monde.

Au contraire, le jeune homme lui fit cracher tout ce qu'il savait sur Crasse-pogne, le géant à la barbe verte ; lequel était maître de la mine de picaille ; lequel était venu à Zoleil, en Kronouailles, embaucher des zoliers ; lequel chassait et ramenait des esclaves, les taupions, pour exploiter la mine ; lequel ne rendait compte à personne, sinon au roi d'Aham lui-même, dont il était l'âme damnée. L'exécuteur des basses besognes. Ceci depuis trois générations, car l'infâme Crasse-pogne avait servi Knut-le-chafouin puis Knut-le-retors, avant d'obéir à Knut-le-fourbe. Savait-il ce qu'il était advenu au dernier roi d'Aham ? Savait-il que le château était désert, les courtisards défenestrés et les Blettes carbonisées ? Tarin l'ignorait. Crasse-pogne n'était pas genre à faire des confidences.

Ce dont le zolier était sûr et certain, c'était que la mine de picaille se trouvait à une portée de flèche du château.

— Tu vas me conduire là-bas, et à toute allure, croupiaud ! dit Bouzouk.

Le ton était sans réplique. Tarin se mit donc à trottiner droit devant lui, sous le soleil plus pesant qu'un chapeau de pierre. Bouzouk et Ganachon suivaient, l'un chevauchant l'autre, comme de coutume. Ils laissaient derrière eux Bouffe-bœuf, Bel-essaim et Mille-mots, étendus sous l'ombre fraîche des groulèbes.

Le soir, ils parvinrent en vue du château du roi d'Aham, dont la lourde silhouette se profilait à la lisière de l'horizon. Bouzouk, dans sa miséricorde, avait fini par faire grimper le trotte-petit sur Ganachon. Le zolier s'agita soudain.

— Pied à terre, seigneur, l'entrée de la mine est proche.

Proche mais invisible. D'après Tarin, l'orifice était blotti dans un nid de broussailles. Crasse-pogne, ajouta-t-il, prétendait que la Nature valait mille créneaux de forteresse.

Il fallut chercher longtemps alentour avant de découvrir les premières marches d'un escalier qui s'enfonçait dans le sol. Bouzouk comprenait pourquoi, l'autre jour, Crasse-pogne et sa piétaille de taupions avaient disparu sans laisser de traces.

Le passage était beaucoup trop étroit pour que Ganachon pût s'y glisser, à son grand dam. Il pesta, se traita de gros verrat, de labourrin borné. Bouzouk décida donc de descendre seul dans la mine.

— Cesse de bougonner, dit-il. Que je conserve de toi le souvenir d'un ami joyeux.

Et il s'engouffra dans le trou.
Le jour disparut peu à peu, et les bruits de la surface. Nulle lumière, le silence pesant comme un couvercle. Une pénombre s'épaississant de marche en marche, comme s'il flottait dans l'air de l'encre noire, de plus en plus noire. Bientôt Bouzouk s'arrêta de descendre, car il lui semblait que son pied venait de rencontrer un autre monde. Un monde clapotant, gargouillant. De l'eau qui courait. Il devina une rivière souterraine, qui barrait le passage.

Comment la piétaille, chevilles enchaînées, avait-elle pu la franchir ? Crasse-pogne était-il aussi magicien ? La réponse vint très vite, avec un énorme grincement qui fit trembler les murailles, en même temps qu'une lueur surgissait en face de Bouzouk, au fond d'un tunnel voûté. Avec un claquement sinistre, une passerelle de fer vint s'abattre à ses pieds. La lumière grandit, projetant des ombres gigantesques sur les parois, des silhouettes armées de piques, sembla-t-il. Bouzouk n'eut que le temps de se glisser dans l'eau et de s'abriter sous la passerelle. La ferraille cliqueta furieusement, puis le bruit des pas décrut, s'évanouit.
Bouzouk s'agrippa à la passerelle alors qu'elle se relevait pour obstruer de nouveau l'ouverture du tunnel. Il s'y hissa d'un coup de reins, juste avant qu'elle ne gifle les

pierres. Bascula sur le sol, dégoulinant d'eau glacée, hors d'haleine.
Il faisait encore assez sombre, mais on y voyait parfaitement. Devant lui, le tunnel se poursuivait sur quelques coudées, puis plongeait brusquement en un escalier qui se perdait à l'infini. Des marches et des marches et des marches, comme certaines peintures en trompe-l'œil. Avec un soupir las, Bouzouk enjamba la première et s'écrasa contre la paroi.
C'était une peinture en trompe-l'œil.

Le tunnel continuait sur main gauche, et déboucha très vite sur une énorme cavité, aux parois flanquées de torches, criblées de galeries qui partaient dans tous les sens. La mine de picaille. Quelques taupions aux chevilles enchaînées s'acharnaient à pousser des petits wagonnets de bois. D'autres fourmillaient parmi des tas de pierrailles, ou zigzaguaient au milieu de flaques graisseuses. Montaient des effluves de sueur, de peur, de violence et de haine. Bouzouk sentit la rage lui serrer l'estomac.

— Ne bouge pas, bousard ! meugla une voix.

On lui titillait le dos avec la pointe d'une pique, on le bousculait rageusement vers une trouée dans la roche. Finalement, une ultime bourrade l'envoya s'affaler devant une grosse paire de bottes. Chaque pied mesurait bien une coudée, au bas mot.

— Que fais-tu dans ma mine, rognure d'ongle ?

Bouzouk releva la tête. Tout en haut, campée sur deux épaules aussi larges qu'une croupe de labourrin, une grosse barbe verte, surmontée d'un long nez et de deux petits yeux porcins, s'agitait autour d'une bouche. C'est cette bouche qui venait de parler.

Sans nul doute, elle appartenait à Crasse-pogne.

3

MALGRÉ LE GARDE qui lui éperonnait le bas du dos et l'épouvantable colosse prêt à le fendre en deux, Bouzouk était aux anges. Il arrivait au bout de sa quête ! Il regardait Crasse-pogne avec un grand sourire heureux et cela déplut au géant.

— Tu te crois chez Jouja, l'amie des poètes ? éructa-t-il. Par Ddrôg, bâtard ! Je suis Crasse-pogne, entends-tu ?

Le sourire de Bouzouk s'étira plus encore.

— J'entends bien, gradoublon ! C'est toi que je cherchais, personne d'autre.

Le barbu cilla des yeux, estomaqué. Gradoublon ? Ce têtard l'avait appelé gradoublon ? Il saisit la tignasse de Bouzouk et souleva le jeune homme jusqu'à lui souffler dans le nez une haleine puant la charogne.

— Dis-moi ce que tu veux. Ensuite, je choisirai pour toi une mort pleine de souffrances. J'ai beaucoup d'expérience.

— Jamais entendu balourd plus vantard, soupira Bouzouk, qui souriait toujours. Écoute-moi bien, pue-gosier : je suis venu chercher un grimoire que tu m'as volé.

Crasse-pogne sentit son sang gonfler ses yeux, son pouls s'accélérer à toute allure. D'un geste il chassa le garde et s'engouffra dans un corridor, traînant Bouzouk derrière lui comme un sac de blute. Il poussa rageusement une porte basse, et envoya enfin le jeune homme rouler sur le sol de terre.

— Qui t'a parlé de grimoire, poucet ? hurla-t-il. Personne ne doit savoir ! Tu m'entends ? Personne ! S'il se colporte que Crasse-pogne a besoin de grimoires de jouvenceau, alors, c'en est fait de ma réputation.

Il sortit de son étui un énorme couteau qu'il se mit à aiguiser du plat de sa main.

— Je vais te tuer tout de suite, murmura-t-il.

Bouzouk n'avait pas fait tout ce chemin pour être éventré ou égorgé par un ogre. Il décida de gagner du temps. D'abord l'emmieller de paroles ronflantes.

— Le roi des Kronouailles n'aime pas qu'on lui vole ses zoliers ni qu'on asservisse ses sujets ! Ta sale tête de skonj est mise à prix, Crasse-pogne. Nous sommes mille à te chercher et je suis le premier de la meute. Si tu me tues, il en viendra d'autres et d'autres encore.

Crasse-pogne éclata d'un gros rire. Tant de naïveté lui chatouillait les côtes. Ce freluquin méritait la vérité.

— Sornettes, criquon ! Autrefois, j'ai pillé, violé, rançonné, tué pour le compte du roi des Kronouailles ! L'aurait-il oublié ? Lui et tous les seigneurs que j'ai servis, partout, depuis toujours ? Allons donc ! Aujourd'hui, mon maître est le roi d'Aham.

— *Était*, sac-à-meugles ! La cervelle de Knut-le-fourbe est partie en fumée, et toi avec ! Tu n'as plus de protecteur, à présent.

Crasse-pogne haussa les épaules.

— J'en trouverai un autre, rognard ! Les puissants ont toujours besoin de malfaisants comme moi ! Les crimes que j'ai commis sont plus nombreux que les vagues de la mer ! Sais-tu que je suis bourreau ? Que j'ai décapité, garrotté, pendu à tour de bras ? Des glébeux, des princes, des baladins, des courtisards !

Crasse-pogne avait les yeux larmoyants, à force d'évoquer ses effroyables turpitudes. Il s'y voyait encore, il reniflait l'odeur du sang et de la mort.

Quant à Bouzouk, il venait en un éclair de tout comprendre. Au cloître d'Orfroi, sa mère lui avait montré un grand boubab au feuillage vert. Elle désignait ainsi Crasse-pogne, le bourreau ! L'assassin de Paulin d'Arang ! Par Gozar ! Comme le monde était petit, petit, si petit !

L'ogre continuait, le regard dans le vague.

— J'ai tant et tant tué, criquaillon, que j'ai besoin d'une pause, parfois. D'innocence. Et je me repais de grimoires de jouvenceau, comme le tien. Quelques souvenirs d'enfance bouffaillés dans mon antre me lavent l'âme plus que tout au monde. Ainsi puis-je m'abreuver à nouveau de crimes et de haine. En toute impunité !

Il alla droit vers un petit meuble, qu'il ouvrit, découvrant nombre de tranches en cuir. Des grimoires. Puis se tournant vers Bouzouk :

— Quel est ton nom, criquouille ?

— Je suis Martial de Morte-paye, bouffon ! Morte-paye ! Ça te dit quelque chose ?

L'ogre rit.

— Je n'ai aucune mémoire des noms. Même pas ceux de mes victimes.

Il poussa une exclamation satisfaite, et sortit du meuble un grimoire à la couverture de cuir. Le cœur de Bouzouk sautilla.

— Voici le tien. Il m'a été vendu par un vieux scribrouillon de Zoleil, dans la Ville-Basse. Je vais le gober

devant toi, freluquon. Pour que tu saches exactement ce que tu perds. Et après, je te tuerai.
Bouzouk n'hésita pas. Un monstre pareil était indigne d'un duel loyal. Il remua l'orteil sans l'ombre d'un scrupule, hop ! Crasse-pogne se sentit soudain rempli de glu et son corps se figea net, comme de la gelée refroidie. Il vit Bouzouk s'approcher de lui, l'œil flamboyant.
— Le nom de Paulin d'Arang te dit-il quelque chose, blairottin ? Tu l'as garrotté sous les yeux de ma mère, jadis. Ce faisant, tu as réduit ma mère à l'ombre et au silence. Tu m'as condamné à être orphelin. Je n'aurai pas pitié de toi.
La voix de Bouzouk s'était faite pierre et glace. Il passa dans le regard de Crasse-pogne quelque chose qui ressemblait à de l'effroi.
— Que Gozar te pardonne, murmura le jeune homme en empoignant son grimoire.
Ce fut comme s'il venait de tirer la trappe sous les pieds d'un pendu. L'ogre rempli de glu devint aussi mou qu'un pain de cire sous la flamme. Il se mit à dégouliner, puis à fondre. Jusqu'à devenir une mare noirâtre, bouillonnante, que la poussière du sol absorba très vite.
Crasse-pogne avait payé cher son besoin d'innocence.

4

PUISQU'IL AVAIT COMMENCÉ à remuer son orteil, Bouzouk ne s'arrêta pas en chemin. Il parcourut la mine en rameutant tous les taupions, qu'il libéra de leurs chaînes, hop ! en un clin d'œil, puis transforma les gardes, hop ! en lombrics. Quand les taupions chantant, dansant, poussant des hourras et des « Vive Bouzouk Ier ! », furent en route pour la surface, hop ! il tapissa les parois et le sol de milliers de poissons morts. Histoire d'empuanter l'atmosphère de la mine pour les siècles à venir. Enfin, il boucha toutes les galeries avec de la mie de pain qui, en séchant, a la résistance du métal.

À son tour il remonta l'escalier de pierres, sans oublier de muer l'écume de la rivière souterraine en broins infernaux, sifflants, à langue de vipère. Par Zout-le-glauque ! Celui qui réussirait à remettre en route la mine de picaille devrait avoir le cœur bien accroché !

Lorsque Bouzouk surgit du sol, il fut accueilli par des taupions en délire. Les uns se roulaient dans l'herbe, fous de bonheur. D'autres caracolaient sur la croupe de Ganachon, qui gambadait comme un poulain. Certains regardaient le soleil couchant avec vénération. Même Tarin le zolier était de la fête.

Il ne resta plus qu'à sceller définitivement l'orifice de la mine, ce que Bouzouk fit sous les cris des taupions et les hennissements de Ganachon. Il fit tomber du ciel, hop ! un nuage de pierre et le trou fut bouché d'un seul coup.

Bouzouk avait glissé son grimoire sous son vêtement, entre chair et tissu. Il sentait la chaleur et le grain du cuir, et l'impatience le rongeait. Mais il ne voulut pas goûter ses nouveaux souvenirs sans ses compagnons. Il leur devait le goût de sa mémoire, son passé reconquis, et bien plus encore. Il héla Ganachon, et ils quittèrent la horde des taupions, qui apprenaient déjà à redevenir des hommes.

Ils prirent le chemin du nord, et la nuit bientôt les enveloppa. Ils chevauchèrent jusqu'à l'aube, l'un veillant à ce que l'autre ne s'assoupît point. Dans le champ herbu et moussu, près du ruisseau, Mille-mots et les deux Gogols dormaient encore, d'un sommeil qui durait depuis plus d'un jour entier. La cavalcade de Ganachon les éveilla brutalement et Mille-mots se mit à hurler qu'il fallait partir sur-le-champ, et qu'on avait perdu assez de temps comme ça. Bel-essaim et Bouffe-bœuf se dressèrent, hagards. On bâilla, on s'étira, on s'ébroua. Enfin tout le monde reconnut cavalier et cheval et, fous de joie, on fit cercle autour d'eux.

— J'ai trouvé et tué l'ogre à la barbe verte, dit doucement Bouzouk. J'ai ici le deuxième tome de mes mémoires. Nous allons le lire ensemble, si vous voulez.

S'ils voulaient ! Bigrerouston ! Cette question ! Ils s'affalèrent tous dans la rosée et arrondirent l'œil et l'ouïe.

Bouzouk ouvrit le grimoire d'un geste lent, comme s'il avait gommé l'impatience qui le grignotait. Il s'attendait à tout, à rien, à peu. Bien sûr quelques feuilles manquaient. Mais il y trouva l'essentiel de sa vie de jouvenceau. De quoi étancher sa soif d'enfance.

5

LES PREMIÈRES PAGES du grimoire furent pareilles à des friandises. Au fil des mots, les images naissaient puis dansaient sur la langue de Bouzouk. La cour de Morte-paye était remplie de chansons, de notes égrenées sur des gluths par des mains douces et parfumées. Il y régnait la caresse des mots, la tiédeur des murmures. On y parlait d'amour et d'art, on se promenait dans des jardins enivrants. Les femmes y étaient belles, drapées dans des habits de soie froufroutante ; elles agitaient des éventails en mesure, elles se cachaient derrière leur main pour rire. Les hommes y avaient fière allure, non point celle des seigneurs de guerre, mais celle des trouvamours et des amants heureux. On troussait des poèmes, on les lisait, on les lançait dans le vent ou l'eau calme des bassins. Puis on les oubliait et on recommençait. Tout était cousu de paroles légères, de serments échangés graves. Oiseaux et poupillons portaient sous leurs ailes des messages d'amour.

On accueillait les voyageurs égarés et les voleurs d'étoiles.

Tout cela, Baroud de Morte-paye ne l'aurait pas permis, qui n'aimait que le bruit des batailles. À peine tolérait-il les chansons à boire.

Mais il avait depuis longtemps quitté le château. Cinq années s'étaient écoulées depuis son départ vers le pays d'Orgon, où le Kron aimait guerroyer. Cinq années où Morte-paye n'était pas réapparu, contrairement à ses campagnes dans l'empire de Ziao. Peu à peu, avec gourmandise, la cour s'était habituée à son absence. Abandonnant les jeux de lutte et les tournois, oubliant de graisser chaque jour les chaînes du pont-levis, comme Morte-paye l'avait ordonné. Laissant les oriflammes au fond des coffres, piques, épées et cottes de mailles dans la salle d'armes. Les soldards de la garnison devinrent des jardiniers, des cuistots.

Le château de Morte-paye devint ce lieu de paix.

Dame Vertugandine y régnait avec bonté. Chacun l'aimait. Chacun, mais plus encore Paulin d'Arang, qui vit en elle le cœur battant de sa vie et devint son amant. Cela, le grimoire ne le disait pas, mais chaque jour les voyait plus proches, plus tendres l'un avec l'autre. Et l'amour que la châtelaine portait au trouvamour n'ôtait rien à celui qu'elle avait pour son fils, toujours à ses côtés.

Martial de Morte-paye baigna dans ce luxe inouï jusqu'à l'âge de quinze ans. Son père ne lui manquait pas, bien qu'il fût chaque jour présent dans ses pensées, comme il est normal à un fils.

Au contact des trouvamours, des baladins, des poètes, il maniait le vers, grattait le gluth. Dans le grimoire se trouvaient plus de mille vers qu'il avait écrits, et quelques mélodies. Martial semblait doué pour tout, et gourmand de tout.

On l'appelait Doigts-d'or, à cause de son habileté à jongler, à peindre, à coudre, à façonner la glaise ou à faire des tours de cartes. Il adorait danser, et réclamait des bals à cor et à cri. Dame Vertugandine invitait alors jouvenceaux et jouvencelles, qui venaient d'autres cours, parfois même d'autres pays. Les fêtes étaient joyeuses. On y faisait des tournois de mots d'amour.

C'est au cours d'un de ces fameux bals que Martial rencontra la princesse Miłoska, l'espace d'une danse, car il dansait avec chacune des jouvencelles. L'espace d'une danse, une seule, mais le souvenir, qui occupait quatre pages pleines du grimoire, était de miel et de foudre. Leurs yeux ne se quittèrent pas de la soirée, ni de la nuit. Lorsqu'elle repartit avec son équipage, pour

une destination inconnue, Martial sut qu'il venait de rencontrer l'Amour. Il en resta longtemps ébloui.
Ici, Bouzouk s'interrompit, car quelqu'un pleurait à petits coups, près de lui. La lecture l'absorbait tant qu'il en oubliait où il était, et avec qui. Bien sûr, les larmes étaient celles de Bel-essaim, qui sanglotait dans le giron de Bouffe-bœuf. La dernière évocation venait de lui ôter l'espoir que son mignard l'aime un jour. Bouzouk soupira et reprit sa lecture.
Cinq ans, donc. Puis Morte-paye revint, en novembre, un soir de brume. Une poignée de soldards l'accompagnait. Tous en guenilles, efflanqués, cabossés, couturés. Personne ne les avait entendus arriver, aucun guetteur n'avait soufflé dans sa corne. Ils entrèrent comme une bourrasque dans la grande salle de banquet, où Dame Vertugandine soupait en compagnie de Paulin d'Arang, Martial et quelques autres.
À voir sa femme près du trouvamour, Morte-paye comprit son infortune. L'amour de ces deux-là crevait les yeux ! Et les yeux d'un guerrier qui rentre au bercail, près des siens, sont vigies redoutables. Morte-paye, un instant foudroyé, sortit son épée et, fou de colère, fracassa quelques chaises. Le grimoire n'en disait pas plus sur l'effroyable colère du seigneur des lieux, car Dame Vertugandine enveloppa son enfant dans les plis de sa robe et le reste échappa à Martial.

La dernière scène gravée dans sa mémoire avait eu lieu dans la cour du château. Une scène horrible. Martial était près de son père, qui le tenait d'une poigne ferme. Les murailles étaient flanquées de potences où se balançaient quelques pendus parmi les trouvamours et les baladins. Ceux qui n'avaient pas réussi à échapper à la traque des soldards de Morte-paye.
Dame Vertugandine et Paulin d'Arang auraient pu tout aussi bien y figurer, mais Morte-paye avait imaginé pire encore.

Il leur donna une monture et l'espace d'un jour pour chevaucher jusqu'où bon leur semblerait. Après cela, il les chasserait comme gibier avec ses soldards. Sa dernière parole avant qu'ils ne franchissent le portail fut : « J'armerai mon fils pour qu'il te pourfende de toute éternité, toi et ton trousse-cul ! »
Martial ne pleura pas. Il sentit juste son cœur cesser de battre un instant, puis un voile noir le recouvrit tout entier.
Ainsi finissait le grimoire.

Les mains encore crispées sur le cuir, Bouzouk tremblait comme une feuille d'ajonc. Cela ne ressemblait en rien à la version que son père lui avait donnée, sur les remparts du château de Knut-le-fourbe. Morte-paye aurait donc traqué sa femme et le trouvamour ! Jusqu'où donc ? Et le jeune Martial, qu'était-il devenu, auprès d'un père fou de haine et de vengeance ?
Seul le troisième grimoire le lui dirait.
S'il existait encore...
Autour de lui, tous se taisaient, les oreilles bourdonnantes encore. Puis Bel-essaim se mit à sangloter à gros bouillons, et cela les sortit de ce cauchemar triste et lourd.
— Doigts-d'or ! glousse Ganachon. Bouzouk Doigts-d'or ! Joli nom de cousette pour un cavalier !
Mille-mots pour une fois ne trouva rien à dire, ni

Bouffe-bœuf, que cette histoire laissait sur le flanc. Il commençait à croire que le passé pesait trop de malheurs et qu'il valait mieux, comme lui, n'en posséder point. Bel-essaim resta muette, elle aussi. Rêveuse et chagrine. Elle songeait à cette Miłoska, qu'elle voyait déjà luire dans les yeux de Bouzouk. Sans doute fallait-il un grand amour à son mignard pour oublier ce qu'il venait de lire.

GLOSSAIRE

babilles > *babines, lèvres*
bagnat > *crâne*
bamoulinet > *coup d'escrime*
barbulette > *petit bouc ou barbichette*
barroter (se) > *s'enfuir*
bavottin > *bavard*
bavotterie > *discussion vaine*
berce-pendule > *sourcier*
bigrebouse > *juron et suivants…*
bigrebroin
bigrebrouille
bigredeuil
bigredoche
bigreflouze
bigrefourgue
bigregourdin
bigregrain
bigremoche
bigremolle
bigremou
bigrepoil
bigreprusse
bigrerogne
bigreroulis
bigrerouston
bigresanguine
bigretrompe
bimbochon > *insulte*
blairottin > *animal*
bletton, blettard > *petite Blette*
bluzard > *rapace*
bourriquon > *cheval*
brillotte > *coup d'escrime*
brouf > *monnaie du pays d'Aham*
brouffaille-note > *chanteur*
cacatois > *langue inconnue*
chopille > *verre*
clochaille > *cloche*
colimaçonner > *tourner en colimaçon*
craque-minette > *jeu*
criquon > *garçon*
criquouille > *insulte*
criquouillon > *garçon*
croque-lard > *garçon*
croquin > *filou*
croupiaud > *insulte*
cuculon > *insulte*
cuistrôt > *cuistre*
cul-glaiseux > *paysan*
empapilloter > *cuire*
encoconner > *transformer en cocon*
enfourracher > *foudroyer*
ennouiller > *ennuyer*
ensablonner (s') > *s'enliser*
esgourdiner > *assommer*
espantouiller > *épater*
espantouiller > *impressionner*
éternuche > *éternuement*
forgeur de panouilles > *faiseur de bêtises*
fouasser > *recouvrir*
fourrache > *foin*
foutriquon > *insulte*
freluquin, freluquon > *minable*
frouard > *imbécile*
frouillard > *peureux*
fusoir > *partir*
gambetter > *courir*
garde-mangeaille > *garde-manger*
gargantuerie > *repas de chair humaine*
glébeux > *paysan*
gluth > *instrument à cordes*
goncombre > *légume*
gougnon > *brute*
gourmandin > *amateur*
gradoublon > *gros personnage*
grandgueux, se > *insulte*
grimache > *mollusque*
grognachon > *imbécile*
hue-dia, hue-bourriquin > *interjection servant à faire avancer une bête de somme.*
labourrin > *cheval de trait*
langotter > *lécher*
lysse > *fleur*
macaquon > *singe*
manivielle > *instrument de musique*
maigrelard > *maigrichon*
malemort > *mort*
mange-clou > *outil*
maréchon > *haut grade dans l'armée du Kron*
mignardon > *mignon*
mok > *oiseau piailleur*
mouffe > *herbe*
mouflard > *insulte*
organdive > *fleur*
pansebastre > *juron*
pestefouchtre > *juron*
picaille > *métal précieux*
piochon > *outil de paysan*

pipaillerie > *cri*
pocharde > *poche*
poiscaille > *poisson*
pourlicher (se) > *se lécher*
pousse-chanson > *chanteur*
pue-gosier > *qui a mauvaise haleine*
pueux > *puant*
putrin > *lieu puant*
raboudin > *promeneur*
ragotin > *nain*
rimaille > *poésie*
rognard > *rognure*
rouard > *rusé*
roucoucouler > *flirter*
roupitambour > *légume*
roustir > *cuire*
sac-à-meugles > *bavard*
sorcelure > *sorcellerie*
souffroter > *souffrir*
souparde > *soupe puante*
taupion > *mineur*
tête-à-pitre > *insulte*
tortillon > *insulte*
touriller > *tordre*
toussard > *qui tousse beaucoup*
trouvamour > *ménestrel*
vachetrin > *animal domestique*
virevolte > *coup d'escrime*
voix-de-faussard > *chanteur*
volplaner > *voler*
vrillotte > *coup d'escrime*

Quelques personnages et lieux

Amadou > *dieu des trouvamours*
Bec-bubon > *naufrageur*
Bubur-le-lézard > *dieu*
Col-de-rogne > *naufrageur*
Dame Bouillote > *femme de Trousse-cœur*
Ddrôg > *dieu de la bande de Ggrok*
Gorges d'Zwmlgfsct > *défilé entre les Kronouailles et le royaume d'Aham*
Gouano > *dieu des semailles*
Goulin > *Pouf*
Gros-bigle > *naufrageur*
Kabok > *déesse de l'amour*
Kkrik > *dieu des combats singuliers*
Knut-le-cauteleux
Knut-le-chafouin
Knut-le-retors
Knut-le-vicelard > *tous de la dynastie des Knut d'Aham*
Ksr > *maréchon du Kron*
Médiome > *pays*
mère Giron > *supérieure des moniales*
Miłoska > *princesse*
Orfroi (roc d') > *mont d'Aham*
Orgon > *pays dont on parle souvent*
Perpères > *peuple de laboureurs vivant à l'est d'Aham*
Phaonx > *créatures parlant par énigmes*
Pétochon > *Pouf*
Pilpil > *crapoussin radiesthésiste*
Proutz > *grand stratège*
Pû > *lieu de bataille*
Rak-le-tuk > *guerrier brutal*
Rô > *fleuve d'Aham*
Rrôdar > *dieu de la bande à Ggrok*
Sac-à-bougne > *chef des naufrageurs*
sœur Bout-d'ange > *moniale*
sœur Fossette > *moniale*
sœur Pimpole > *moniale*
sœur Silence > *nom de moniale de Dame Vertugandine*
Trousse-cœur > *trouvamour, amant de Dame Bouillote*
Wsix > *région d'Aham*
Wûul > *dieu des serments*
Ziao > *empire*

Après quelques années passées à faire le sociologue, l'animateur, le maçon, le tanneur-fourreur, **Gérard Moncomble** aurait bien voulu devenir chevalier, mage ou scribouillon. Hélas, il n'est ni illusionniste ni sorcier et le regrette beaucoup. Car il aimerait pouvoir vivre 10 000 ans et cent vies. Alors il écrit des romans et se glisse dans la peau des personnages qu'il invente. Ainsi a-t-il été Jérémie chez *Mes chers voisins* (Nathan, « Pleine Lune »), Duroi à *L'Heure du rat* (Milan, « Milan-poche »), ou Léo avec *Moi-je* (Flammarion, « Castor-Poche »). Avant, bien entendu, de jouer le rôle d'Achille Bouzouk ici même. On se console comme on peut quand on est simple mortel.

Mazan a fréquenté les Beaux-Arts d'Angoulême, section bande dessinée, d'où il est sorti en 1989. Il a depuis publié plusieurs albums en tant que dessinateur et scénariste : des histoires pour les grands (le cycle « L'Hiver d'un monde » ; *Dans l'cochon, tout est bon*), mais aussi pour le jeune public (*Le Vaillant Petit Tailleur* ou *Apprendre à frissonner*, deux contes des frères Grimm adaptés en bande dessinée). Mazan publie ses albums chez Delcourt et collabore au mensuel « Je bouquine ». Il vit et travaille à Angoulême.

Table des matières

Première partie - Baroud de Morte-paye

Deuxième partie - Dame Vertugandine

Troisième partie - Crasse-pogne

Les Romans DIX & PLUS

Béatrice Bottet
Rififi sur le mont Olympe
Robert Boudet
Mon prof est un espion
Évelyne Brisou-Pellen
La fille du comte Hugues
Claude Carré
Une soirée d'enfer
Cadeau !
La fiesta du siècle
Les mille et deux nuits
Jean-François Chabas
Une moitié de wasicun
Vieille gueule de papaye
Nisrine et Lucifer
Les secrets de Faith Green
Des crocodiles au paradis
La deuxième naissance de Keita Telli Ba
Sarah Cohen-Scali
La Puce, détective rusé
Meurtres au pays des peluches
L'école frissonnière
Dodo la terreur
Danger d'amour
Stéphane Daniel
Un tag pour Lisa
Quercy rap
Hervé Debry
Lettres à qui vous savez
Irina Drozd
Le message
L'accident
La place vide
Identité volée
Yaël Hassan
Un grand-père tombé du ciel
Manon et Mamina
Quand Anna riait
Felice Holman
Le robinson du métro
Mary Jemison
Enlevée par les Indiens
Jean-François Laguionie
Le château des singes
Roland Lamarre
Comme sa petite sœur
Un scénario béton
Version officielle
Olivier Lécrivain
Blues pour Marco
Claire Mazard
Maman, les p'tits bateaux
Patrick Mosconi
Le voleur de famille
Jean Ollivier
Le cri du kookabura
La chasse aux merles
Mervyn Peake
Lettres d'un oncle perdu
Joseph Périgot
Gosse de riche !
Sandrine Pernusch
Une année tourbillon
Xavier-Laurent Petit
Le monde d'En Haut
Gérard Moncomble
Bouzouk
Yves Pinguilly
Une semaine au cimetière
Où sont passées les mémés ?
Rock Parking
Le strip-tease de la maîtresse
Michel Piquemal
Yoël ou le sang de la pierre
Thierry Robberecht
Pagaille chez les samouraïs
Gaffe au gourou
Éric Sanvoisin
Le mangeur de lumière
Anne Thiollier
Hong Kong Story
Annika Thor
Le jeu de la vérité
Marie-Sophie Vermot
Échappé sur pointes
Jean-Louis Viot
Tout faux, Ludo !
Colette Vivier
La maison des petits bonheurs
La porte ouverte
La maison des Quatre-Vents
Olivier de Vleeschouwer
Ma première histoire drôle